ESTRYS

SIÂN LEWIS

Argraffiad Cyntaf — 1990

ISBN 0 86383 609 7

ⓗSiân Lewis, 1990

Dymuna'r cyhoeddwyr gydnabod cymorth a chyfarwyddyd Adrannau'r Cyngor
Llyfrau Cymraeg a noddir gan Gyngor Celfyddydau Cymru.

Cyhoeddir dan gynllun comisiynu'r Cyngor Llyfrau Cymraeg.

Argraffwyd gan J. D. Lewis a'i Feibion Cyf.,
Gwasg Gomer, Llandysul, Dyfed.

'Methan.'

Edrychais i'n gam ar Bethan drws nesa. Oedd 'na annwyd ar y ferch? Oedd hi wedi tisian?

'Be wyt ti'n mynd i'w wneud?' gofynnais iddi am yr eildro.

'Casglu methan,' meddai hithau'n swta. 'Galli di ddod gyda fi os wyt ti'n moyn. Os nad wyt ti, paid.'

'A' i i ofyn i Dad.'

Es i mewn i'n tŷ ni. Roedd hi'n ganol prynhawn, y teledu'n swnian a Dad yn eistedd o'i flaen. Fe allech chi feddwl ei fod e'n cysgu, oni bai ei fod e'n hollol stiff. Roedd ei freichiau ymhleth a'i goesau'n ymwthio fel dau bostyn teligraff ar draws y carped.

'Dad!'

Trodd ei ben fel robot.

'Beth yw methan?'

'Nwy.'

'Sut ŷch chi'n ei gasglu fe?'

Cododd ysgwyddau Dad ryw fymryn.

'Mae Bethan yn mynd i gasglu methan. Ga i fynd?'

Nodiodd Dad. Syllais arno fe. Oedd e wedi deall yn iawn? Allwn i ddim dweud. Mae'n amhosib cael sgwrs â Dad y dyddiau 'ma.

'Meirion!' atseiniodd llais Bethan dros yr ardd.

'Rwy'n mynd 'te,' meddwn i.

'Iawn.' Gwnaeth Dad ymdrech i symud. Plygodd a phwyso'i ddau benelin ar ei ben-gliniau. 'Mwynha dy hun 'te, Mei bach,' meddai.

Symudais i ddim am rai eiliadau. Dri mis yn ôl, cyn i Dad golli'i swydd, gyda fe y byddwn i'n mynd allan ar brynhawn o wyliau. Yn sicr, fyddwn i ddim yn mentro allan gyda Bethan drws nesa. Mae hi bedair blynedd yn hŷn na fi ac mae hi'n beryglus. Mae ganddi fwy o fathodynnau ar ei chot nag sy o smotiau gan lewpart. *Greenpeace, Cymru Ddi-niwcliar, Achubwch y dolffin, Fejis am Byth*—maen nhw i gyd ar got Bethan. Pan fydd hi'n symud maen nhw'n canu fel clychau Cantre'r Gwaelod.

'MEIRION!'

'Mynd 'te, Dad.'

Roedd Bethan yn gwgu dros y ffens ac yn ratlan bocs matsys yn ei llaw. Iesgyrn! Bocs matsys! Nwy methan? Beth oedd hi'n mynd i'w wneud? Chwythu lan siop Jones y cigydd am ei fod e'n cam-drin anifeiliaid? Allwn ni ddim fforddio sgandal yn ein tŷ ni a Dad yn chwilio am swydd.

'Wyt ti'n barod neu nac wyt ti?' gofynnodd yn ddiamynedd wrth fy ngweld i'n petruso.

'Ydw!' rhuodd llais o'r tu ôl iddi a dyma Jim Morus, ei thad, yn cerdded allan o'r tŷ mewn crys sgwarau a welingtons gan agor a chau'i freichiau fel dyn yn nofio.

'A fi!' meddwn i ar unwaith.

Os oedd Jim Morus yn mynd gyda Bethan, doedd dim rhaid i fi boeni. Mae Jim Morus yn eitha cymeriad, ond dyw e ddim yn ddwl fel ei ferch. Wnâi e ddim achosi ffrwydrad yn y Stryd Fawr.

Ta beth, anelon ni ddim am y Stryd Fawr. Fe drodd Bethan i lawr yr hewl sy'n arwain allan o'r dre a chroesi at lwybr cyhoeddus Cwm Parc.

'Wncwl Jim!' sibrydais pan oedd hi'n ddigon pell o'n blaenau ni. 'Beth yw methan?'

6

'Nwy.'

'Ie?'

'Nwy sy'n crynhoi pan fydd llysie'n pydru. Mae bol buwch yn llawn o fethan.'

'Be?'

'Wir! Chlywest ti 'rioed am y fuwch 'na oedd mor llawn o fethan, fe chwythodd hi lan fel balŵn a BANG! fe fyrstiodd hi?'

Dwy byth yn siŵr p'un ai credu Jim Morus neu beidio, ond roedd e'n edrych yn hollol o ddifri. Rhoddodd bwniad i mi yn fy mraich.

'Sut mae Bethan yn mynd i gasglu nwy 'te?' gofynnais. Roedd 'na ambell i fuwch ddigon diniwed yn pori'r cae yn ymyl y llwybr,ond doedd dim golwg ffrwydro ar yr un ohonyn nhw.

''Sdim eisie i ti redeg ar ôl un o'r gwartheg 'na, Mei,' meddai Jim Morus â gwên slei ar ei wyneb.

'Chi'n siŵr?' meddwn innau'n slei 'nôl.

Disgynnodd llaw Jim Morus ar fy ysgwydd.

'Ha!' chwarddodd. 'Fi a Bethan sy'n cael tipyn bach o hwyl, dyna i gyd.' A dyma fe'n bwrw'i dalcen â blaen ei fys ac yn pwyntio at ei ferch.

Trodd Bethan yr eiliad honno a gwgu arnon ni.

'Hy!' meddai. 'Dewch.'

Roedden ni wedi cyrraedd glannau afon Moelan lle mae'r tir yn garegog gydag ambell lwyn eithin a charped o rug. Doedd 'na ddim sôn am fuwch na ffatri nwy na fawr iawn o ddim, ond yn ddirybudd dyma Bethan yn stopio wrth ymyl pwll bach o ferddwr ar rimyn o dir corslyd a redai fel gwythïen drwy'r cerrig. Ar adegau glawog llifai afon Moelan i'r pwll, ond wedi wythnos o sychder ymestynnai porfa hir fel argae ar draws ceg y pwll gan gadw'r afon draw. Gwibiai pryfed dros y dŵr brown a gweai deiliach llysnafeddog yn garped trwchus o dan yr wyneb. Yn arwain dros y pwll roedd pompren fach a gorweddodd Bethan ar ei bol ar hon.

'Ffon, Dad,' gwaeddodd.

Ac fel rhyw Frenin Arthur dyma Jim Morus yn plycio ffon gref o grombil llwyn eithin, yn ei phlymio i'r pwll ac yn procio'r gwaelod.

Ddigwyddodd 'na ddim byd.

Wel do, fe ddihangodd ambell i bryfyn dŵr am ei fywyd ac fe gododd swigod mawr i'r wyneb. Dyna i gyd. Dim byd syfrdanol, ond roedd Bethan yn dyrnu'i thraed ar y bont mewn cyffro mawr.

'Welest ti'r rheina, Mei?' gwaeddodd.

'Be?'

'Y swigod.'

'Swigod?'

'Mae'r swigod 'na'n llawn o nwy methan.'

'O!'

Cododd Bethan ei phen a sbio arna i.

'Paid edrych mor sur. Wyt ti eisie i fi brofi i ti mai nwy methan yw e?'

'OK.'

'Iawn.' Rholiodd Bethan ar ei chefn a stryffaglio i dynnu blwch matsys o'i phoced.

Aeth rhyw gryndod drwof i, ond pharodd e ddim yn hir. Beth bynnag oedd yn y swigod brown, doedd bosib y byddai e'n fy chwythu i ebargofiant.

O'i phoced arall tynnodd Bethan gwpan plastig.

'OK, Dad.'

Cripiodd Bethan ar ei bol o dan ganllaw'r bont a dal

y cwpan plastig â'i ben i lawr yn y dŵr. Rhoddodd ei thad broc gwyllt â'i ffon ac wrth i'r swigod brown godi i wyneb y pwll daliodd Bethan nhw yn y cwpan oedd â'i ben yn dal yn y dŵr.

'Reit!' Cipiodd Jim Morus y bocs matsys o law Bethan a thaniodd fatsien. Cododd Bethan y cwpan plastig o'r dŵr. Ar unwaith daliodd Jim fflam y fatsien odano a—Ffwt!—dyna'r ffrwydrad tawela a glywodd neb erioed.

Allwn i ddim peidio â chwerthin.

Cymerodd Bethan arni edrych yn ddig arna i o dan ei haeliau.

''Sdim siâp gwyddonydd arnat ti, Meirion Brown.'

'Gwyddonydd!'

'Wel, mae Dad a fi wedi profi mai nwy methan sy yn y swigod sy'n codi o'r dŵr. Mae methan yn ffrwydro pan fyddi di'n rhoi matsien wrtho.'

'Grêt!'

Mi fyddai hyd yn oed Dad wedi chwerthin petai e yno. Yr holl giamocs dim ond er mwyn creu un Ffwt! bach.

'Dere di 'ma, Meirion boi,' meddai Jim gan gydio yn fy ngwar. 'Fe gei di brocio'r mwd ac fe gynheua i'r fatsien.'

A than chwerthin dyna be wnes i—gwneud swigod am ddeng munud a mwy a dychryn pryfed dŵr. Fe greon ni dri Ffwt! ac roedd yr ola ohonyn nhw'n eitha teilwng. Ddim digon uchel i'ch byddaru chi, mae'n wir, ond o leia roedd yn bosib ei glywed e heb gorn clust.

'Bril!' meddai Bethan yn fodlon. 'Y diwrnod gore eto!'

'Chi 'di bod 'ma o'r blaen?' meddwn i'n syn.

'Paid â bod mor haerllug,' meddai Bethan gan fy mhrocio i â'i phenelin. 'Wrth gwrs ein bod ni.'

Winciodd Jim Morus.

'Dyw'r ferch 'ma ddim hanner call, yn tynnu'i hen dad i lawr i'r hen bwll brwnt 'ma.'

Ond rôn i'n 'nabod Jim Morus. Ei syniad e fyddai dal swigod mewn cwpan plastig. Neb arall.

Eisteddodd i lawr wrth fy ochr ar y bompren.

'Gwartheg sy'n llanw'r awyr â methan,' meddai. 'Ac mae'r methan yn achosi tylle yn yr haenen *ozone* sy uwchben y ddaear. Meddylia!'

Alla i ddim meddwl am bethau fel haenen *ozone*. Mae'r awyr yn edrych fel DIM i fi, fel un twll mawr yn llawn o DDIM. Ond pan soniwch chi am haenen *ozone* wrth Bethan, mae hi'n ffrwydro (fel buwch yn llawn methan, bron!). *Ozone*, sbwriel, lladd anifeiliaid—mae Bethan yn poeni amdanyn nhw i gyd.

Roedd hi wedi gafael yn y ffon ac yn ailddechrau procio'r mwd pan ddaeth sŵn gwag o'r gwaelodion.

'Hei!' meddai, a physgota tun Coca-cola o'r dyfnder. 'Mae pobol yn taflu sbwriel i bobman.'

A wir, erbyn edrych roedd 'na sbwriel yn nythu ar hyd glannau'r afon, bagiau creision yn chwythu, tuniau pop yn disgleirio rhwng y cerrig. Os edrychwch chi amdano, wir, mae 'na sbwriel ym mhob man.

'Sbwriel, sbwriel, sbwriel,' snwffiodd Bethan. 'Hei!' Proc arall yn fy asennau. 'Fe alle dy dad di gasglu sbwriel.'

'I be?' ebychais yn syn.

'I gael gwared arno fe,' atebodd Bethan yn gwta.

A dyna sut y dechreuodd y syniad.

10

2

'Sbwriel!' Edrychodd Dad yn sur arna i. Mae'i hwyl e'n wael er pan gaeodd y ffatri drowseri lle'r oedd e'n rheolwr. 'Does 'na ddim gwaith i neb ar loriau sbwriel y Cyngor, neu mi fydden nhw'n hysbysebu yn y Ganolfan Waith.'

'C . . . casglu sbwriel eich hunan, Dad.' Mae Dad yn fy ngwneud i'n nerfus. 'Dyw'r Cyngor ddim yn glanhau'r sbwriel sy ar draethau Porth Main yn ddigon aml.'

'A thalan nhw ddim i fi wneud, chwaith.'

'Falle gwnân nhw, Dad.' Rôn i'n ailadrodd beth oedd Bethan wedi'i ddweud wrtha i. 'Mae hi'n dre glan y môr. Mi fydde mwy o bobol yn dod 'ma . . .'

'Wyt ti'n disgwyl i fi fynd o gwmpas gyda ffon bigog yn casglu hen bapur?' Roedd Dad yn dechrau cynhyrfu.

'Mae 'na beiriannau bach y gallwch chi brynu, Dad. Rwy wedi'u gweld nhw ar y teledu. Yn Ffrainc, yn Paris . . .'

'Ti a dy Baris.' Torrodd Dad ar fy nhraws yn ddiamynedd a dod â'r sgwrs i ben.

Ond drwy lwc roedd David Bellamy ar y teledu y noson honno yn dangos sut mae llygod bach yn marw o newyn mewn hen boteli sy'n cael eu lluchio yn y cloddiau. Ac mae'n rhaid bod rhywun yn adran newyddion y teledu wedi clywed am syniad Bethan a fi ac wedi penderfynu'n helpu ni, achos roedd y newyddion yn llawnach o sbwriel na'r bin wrth ein drws cefn ni.

'Traethau Prydain yn fryntach na thraethau gwledydd Ewrop!'

'Strydoedd budr!'

'Môr budr. Dolffiniaid yn marw.'

Sbwriel . . . Sbwriel . . . Sbwriel.

Erbyn diwedd yr wythnos roedd 'na olau yn llygaid Dad. Yn lle gorweddian o flaen y teledu fe ddown ar ei draws e a Mam yn parablu pymtheg y dwsin yn y gegin fach. Roedd e bron yn union fel yr hen Dad brwdfrydig.

Ond roedd e'n dal allan o waith—am a wyddwn i—a doedd ar neb eisiau'i gyflogi e.

Ac yna, un prynhawn dydd Mawrth, doedd e ddim yn y tŷ pan ddois i adre o'r ysgol. A phan gyrhaeddodd e, roedd e'n goch, yn pwffian a'i wyneb yn disgleirio.

Dilynais e i'r gegin ar ras a'i weld yn codi'i fawd ar Mam. Yna fe daflodd ei fraich am fy ysgwydd i a phlannu cusan ar dop fy mhen.

'DAD!'

Chwarddodd Mam dros y lle wrth fy ngweld i'n cochi.

'Chwarae teg, Mei,' meddai. 'Rwyt ti'n haeddu cusan bach.'

'Da-ra!' meddai Dad gan daflu'i freichiau ar led. 'Yma yn sefyll o dy flaen di mae glanhawr traethau swyddogol Porth Main!'

'DAD!' Roedd yr ail sioc bron yn fwy marwol na'r un gynta.

'Wel, dyw e ddim wedi'i setlo'n bendant eto,' meddai Dad yn frysiog. 'Mae'n rhaid i fi gael peiriant a . . . W!'

Roedd Mam wedi ei gofleidio ac yn ei chwyrlïo o gwmpas y gegin.

'Y Beijing amdani,' pwffiodd Dad cyn iddo golli'i wynt.

Ac allan â ni y noson honno i dŷ bwyta Tseineaidd.

Hanner ffordd drwy'r pryd o gyw iâr a reis, fe ddechreuais i chwysu. Nid am fod y bwyd yn boeth chwaith. Na, poeni ôn i. Rôn i'n teimlo'n gyfrifol.

Ar ôl blynyddoedd o weld Dad yn eistedd mewn swyddfa ac yn gyrru Rover, allwn i mo'i ddychmygu e'n clwydo ar ryw bwtyn bach o beiriant sugno—rhyw fath o *super-Hoover*—ac yn glanhau'r traethau. Mi fyddai'n edrych yn dwp.

Ond roedd gan Dad res o rifau teliffôn a chatalog peiriannau hyd yn oed, a doedd e ddim fel petai e'n poeni dim wrth feddwl am sboncio ar ei *super-Hoover* dros draethau Porth Main a phawb yn syllu arno.

I ddweud y gwir roedd pobl Porth Main yn meddwl nad oedd Dad ddim hanner call ymhell cyn iddo brynu'r peiriant. Y rheswm am hynny oedd fod Dad i lawr ar y traeth yn astudio sbwriel drwy'r dydd. Cyn hir roedd e'n arbenigwr ar duniau pop, y 'plastics', hen ddillad, tun ffoil ac anifeiliaid wedi marw, yn union fel y bu unwaith yn arbenigwr ar drowseri yn y ffatri.

Weithiau byddwn i a Bethan yn mynd gydag e, ond fyddai'r ddau ohonon ni byth yn mynd 'run pryd. Mae Bethan yn tynnu gormod o sylw ati'i hunan. A chan mai hi gafodd y syniad o brynu'r peiriant yn y lle cynta, roedd hi'n meddwl bod ganddi'r hawl i roi cyngor i Dad byth a hefyd.

13

Pan gyrhaeddodd y peiriant ymhen tair wythnos, Bethan oedd y gyntaf i weld y lorri'n cyrraedd. Fe faglodd hi dros fat ein drws ffrynt ni a llithro fel torpedo dros y llawr.

'Y peiriant!' ebychodd wrth i Mam a Dad garlamu o'r gegin ac fe gynhyrfon nhw gymaint nes iddyn nhw neidio drosti a rhuthro am y drws heb ofyn a oedd hi wedi cael dolur hyd yn oed.

Roedd hi'n iawn, ta p'un. Cyn i fi gyrraedd gwaelod y grisiau roedd hi'n hercian fel y gwynt ar ôl Mam a Dad.

Y peiriant! Roedd e'n edrych yn beth twp. Os gwelsoch chi beiriant torri porfa—y math sy â sedd arno—wel, roedd hwn yn ddigon tebyg ond bod ganddo bibell fel sugnydd llwch yn ymwthio ohono.

'Wel, yr hen Jymbo bach,' meddai Bethan cyn gynted ag y'i gwelodd.

Ac fe'i gelwir e'n Jymbo byth oddi ar hynny, Jymbo melyn a Dad yn reidio ar ei gefn fel brenin.

3.

'Traeth Porth Main yn lanach nag erioed.'
'Traeth yn disgleirio.'
Torrodd Dad y penawdau allan o'r papur lleol a'u clipio nhw ar hysbysfwrdd Mam yn y gegin.

'Tystia trigolion Porth Main fod cyflwr traeth y dref wedi gwella'n rhyfeddol yn ystod y mis diwethaf. Ers dechrau Mai bu Mr Glyndwr Brown a'i beiriant bach melyn wrthi'n ddiwyd bob dydd yn glanhau'r traethau.

'Mae'r traethau yn bleser i'w gweld erbyn hyn,' meddai cadeirydd Cyngor y Dref. 'Ac yn siŵr o ddenu ymwelwyr.'

Darllenodd Dad y paragraff o'r papur newydd fel pregethwr.

'Beth wyt ti'n feddwl 'te, Mair?' meddai, gan edrych ar Mam.

'Da iawn ti.' Gwasgodd Mam ei fraich. 'Wyt ti'n meddwl y cei di ragor o *contracts*?'

Winciodd Dad yn hyderus. Dyw'r tâl mae e'n ei gael am lanhau traeth Porth Main ddim yn ddigon i'n cynnal ni. Y gobaith yw y bydd rhagor o drefi glan môr yn clywed amdano ac yn ei gyflogi. Croesi bysedd!

Chredais i 'rioed fod sbwriel mor ddiddorol. Bob tro rwy'n gweld darn o bapur siocled ar y stryd, rwy'n teimlo'n dyner tuag ato—yn union fel petawn i'n perthyn iddo'n bersonol.

Sbwriel? Iym iym!

YCH!

Daeth Dad adre heddi â'i ddwylo'n plisgo.

'Be wyt ti wedi bod yn ei wneud?' meddai Mam, ac i fyny â hi i'r cwpwrdd moddion i nôl potel o Vaseline. 'Wyt ti wedi bod yn ymhél â rhyw hen stwff brwnt ar y traeth 'na?' gofynnodd wrth daenu'r eli dros ei ddwylo.

Cododd Dad ei ysgwyddau. Doedd e'n poeni dim. Roedd e wedi cael galwadau ffôn oddi wrth gynghorau trefi Llanddwylan, Trefron a Llanferin yn gofyn iddo fynd â'r Jymbo i lawr fan'no i'w arddangos. Roedd e eisoes yn sôn am ehangu'r busnes, cyflogi

15

pobl a phrynu rhagor o Jymbos. Yn ei feddwl roedd Dad hanner ffordd i fod yn deicŵn.

Fe eisteddodd yn ddigon tawel a'i ddwylo seimlyd fel dau diwlip ar ei liniau—a bob tro y byddai Mam yn ei siarsio i beidio â chyffwrdd â dim, byddai'n chwerthin fel trobwll.

Roedd ei ddwylo'n well erbyn trannoeth, ond yn dal braidd yn binc. Fe wrthododd e wisgo'r menig gwlân a dynnodd Mam o waelod y cwpwrdd. Mae Dad yn ei ffansio'i hun.

Ym Mhorth Main mae 'na acwariwm, amgueddfa a ffatri wlân sy'n agored i'r cyhoedd, ond mae mwy o bobl yn tyrru i weld Dad nag sy'n mynd i'r un o'r lleill. Bob tro mae Dad yn gyrru ar hyd y traeth ar y Jymbo bach, mae 'na resi o bobl yn syllu arno. Mae fy ffrindiau i bron â marw eisiau cael reid, ond dyw Dad ddim yn fodlon. Mae e'n gofalu am y Jymbo fel babi, yn ei lanhau, ei foddi mewn olew a'i fwydo â phetrol.

Yn ogystal â'r Jymbo mae ganddo res o finiau plastig sy'n ffitio ar y cert bach y tu cefn i'n car ni. Mae'r Jymbo'n medru gwahaniaethu rhwng metel a phlastig a dillad. Yn gynta fe fydd Dad yn mynd ar hyd y traeth yn casglu metel ac yna'n arllwys cynnwys y Jymbo i'r bin coch. Yna fe fydd e'n arllwys y plastig i'r bin gwyrdd a'r sgidiau a'r dillad i'r bin du. Mae e'n cael 'chydig bach o arian amdanyn nhw gan ffatrïoedd ailgylchu.

Mae e'n crafu'r hen wymon â rhaca yn un pentwr a chredech chi ddim mor ffasiynol yw hi erbyn hyn ymhlith pobl Porth Main i ddod â sach i lawr i'r traeth, ei llanw â gwymon a chario'r gwymon yn ôl adre i'w daenu fel gwrtaith ar yr ardd.

Ond y pethau gwaetha i gyd yw cyrff anifeiliaid. Ych!

Mae esgyrn sychion yn iawn,ond ych! Dychmygwch weld morlo mawr drewllyd yn pydru o'ch blaen yn gynnar yn y bore. Mae pysgodyn yn ddigon gwael, ond morlo! Neu beth am ddafad? Bob yn hyn a hyn mae rhyw ddafad ddiofal yn sglefrio i lawr y creigiau yn ymyl Porth Main, yn disgyn yn farw i'r traeth ac yn cael ei sgubo i'r môr.

Eu claddu nhw ger tomen sbwriel y dre—dyna mae Dad yn ei wneud. Ond wythnos ddiwetha roedd 'na gorff dolffin yn disgwyl amdano ben bore bach—lwmpyn o floneg drewllyd a'r pryfed yn hofran o'i gwmpas.

Ych x 3!

Roedd yn rhaid i Dad alw Mr Bernard, gwyliwr y glannau. Cyfrifoldeb Mr Bernard yw pob dolffin marw—a morfil! (Gobeithio na lanith morfil ar ein traeth ni!) Fe wyliais i Mr Bernard yn torri darn o ên y creadur i ffwrdd er mwyn ei anfon i Gaerdydd i gael ei ddadansoddi.

'Pam na ddwedest ti wrtha i?' meddai Bethan drws nesa.

'Wel, rwy newydd ddweud wrthot ti, on'd ydw i?'

'Nage,' meddai Bethan yn swta. 'Pam na fyddet ti'n fy ngalw i mewn pryd i weld Mr Bernard?'

'Rwyt ti'n droëdig,' meddwn i.

Ysgydwodd Bethan ei phen nes bod cynffon ei gwallt yn chwyrlïo a'r bathodynnau ar ei siwmper—yn eu plith *Achubwch y dolffin*—yn tasgu'n beryglus.

'Pam bu'r dolffin 'na farw? Dyna beth ydw i eisie'i wbod,' meddai hi.

'Wyt ti am fod yn filfeddyg 'te?'

Edrychodd Bethan i lawr ei thrwyn arna i. Efallai ei bod hi bedair blynedd yn hŷn na fi, ond dyw hi ddim hanner mor gall (yn fy marn i!).

'Rwyt ti, Meirion Brown,' meddai hi, 'mor ddiniwed â babi. Rwyt ti'n mynd o gwmpas â dy glustiau yngháu.'

'Nac ydw.'

'Mae GWENWYN yn y môr,' meddai Bethan.

'Wel, dw i ddim yn ei yfed e.'

'Mae'r pysgod yn ei yfed e. A'r dolffìniaid.'

Ochneidiais. 'Sdim iws gwrando gormod ar bobl fel Bethan. Yn y lle cynta mi fyddech chi'n marw o newyn. Mae'n rhy beryglus i fwyta popeth bron, medden nhw. Maen nhw'n gweld gwenwyn ym mhob dim.

'Iawn i ti ochneidio,' meddai Bethan, 'ond . . .'

'Ond be?'

'Mi weles i a Dad bysgodyn marw yn yr afon neithiwr pan oedden ni'n casglu methan.'

'Chi roddodd sioc iddo fe, siŵr o fod,' meddwn i gan biffian chwerthin. 'Fe glywodd e'r methan yn ffrwydro ac fe lewygodd.'

Gwnaeth Bethan lygaid cul a syllu arna i.

''Sdim gwerth siarad â ti,' meddai. 'Rwyt ti'n rhy anaeddfed. Dim ond bachgen bach wyt ti, ontefe? Babi!'

'Ca' dy ben!'

Rhois i broc chwyrn iddi. Fel arfer, rhaid i fi gyfaddef, mae Bethan yn siarad yn ddigon cyfeillgar â fi. Mae hi mor hoff o glywed ei llais ei hun, fe bregethith hi wrth unrhyw un. Dyw hi ddim fel arfer

yn gwneud i fi deimlo bedair blynedd yn iau na hi.
Dyna pam roedd hi'n gymaint o sioc ei chlywed yn fy
ngalw i'n fabi.

'Mae popeth yn marw rywbryd,' meddwn i mewn
llais dirmygus er mwyn dangos mai hi oedd y babi, nid
fi.

'Mmm.' Roedd y ddau ohonon ni'n eistedd ar y wal
y tu allan i dŷ Bethan ac yn cicio'n coesau. 'Galle'r
gwenwyn fod yn dod o'r môr,' meddai. 'Neu o'r
ffermydd sy ar lan yr afon.'

'All ffermydd ddim gwenwyno afon,' snwffiais i.

'Gei di weld,' meddai Bethan.

A wir, roedd Dad yn sâl y noson honno ar ôl dod
adre o'i waith.

'Rhywbeth bach ar y stumog,' meddai Mam. 'Y sioc
o weld y dolffin 'na'n pydru ar y traeth efalle.'

4.

Roedd Dad mor welw â'r galchen fore trannoeth a
Mam yn poeni.

'Ddylet ti ddim gweithio bob dydd,' ochneidiodd
Mam.

'Mae pobl ar y traeth bob dydd,' meddai Dad. 'Felly
mae angen traeth glân bob dydd.'

'Ie, ond fe ddylet ti gael diwrnod o wylie. Ddylet ti
ddim ymhél â'r baw 'na saith diwrnod yr wythnos.'

'Rwy 'di cael digon o ddiwrnode o wylie ers i'r ffatri
gau,' meddai Dad. 'A tha beth, unwaith y bydd yr haf
drosodd, fydd 'na ddim gwaith i fi eto. Fydd neb am fy
nhalu i am lanhau'r traeth yn y gaeaf.'

19

'Mmm,' meddai Mam a'i wylio'n llyncu dos o foddion stumog. 'Cer di i helpu Dad, Mei bach,' meddai wedyn.

Roedd hi'n fore dydd Sadwrn—saith o'r gloch yn y bore bach—a rôn i'n dal yn fy mhyjamas. Fel arfer fe fyddwn i'n cysgu'n sownd ond roedd breuddwyd am ddolffiniaid marw wedi fy ngyrru i o'r gwely.

'O . . . OK.'

'Na!' meddai Dad. 'Does dim eisie.'

'Fe all e wneud rhywbeth i helpu,' meddai Mam. Mae hi'n gweithio mewn siop dri diwrnod yr wythnos.

''Sdim eisie,' meddai Dad, ond roedd 'na dinc amhendant yn ei lais serch hynny ac fe es i i'r llofft i wisgo amdanaf.

Llwython ni'r Jymbo ar y cert y tu ôl i'r car. O achos ei fol doedd Dad ddim wedi cael amser i'w lanhau'r noson cynt. Roedd 'na arogl budr yn codi ohono fel petai'r dolffin yn llochesu yn ei gylla—ac roedd y paent yn plisgo fel dwylo Dad. Fel croen y dolffin. Ych!

Pan weles i Bethan yn sbecian rhwng llenni ei hystafell wely ac yna'n carlamu allan â'i chrys-T yn fflapian fel pabell, roeddwn i'n eitha balch.

'Wyt ti'n mynd i lawr i'r traeth?' gwaeddodd.

'Ydw.'

'Ga i ddod?'

'Bois bach!' Pwysodd Dad yn erbyn y car. Mae Bethan yn gwneud i chi deimlo'n wan.

'Mynd i weithio ydw i,' eglurais heb fod yn rhy swta. Roedd 'na gorddi yn fy stumog, er nad oeddwn i'n teimlo'n sâl fel Dad. Ofni ôn i fod Bethan yn iawn a bod gwenwyn yn y môr.

'So?'

'Dwy ddim yn credu y bydd 'na ddolffin ar y traeth heddi.'

Cododd Bethan ei hysgwyddau.

'Fe alla i weithio hefyd,' meddai hi. 'Rwy wedi helpu Cyfeillion y Ddaear i lanhau'r traeth cyn hyn.'

Taflodd Dad gipolwg gobeithiol i gyfeiriad y tŷ drws nesa. Doedd e ddim yn siŵr a oedd ganddo fe'r nerth i drin Bethan.

'Fydd dy dad a dy fam yn fodlon?' gofynnodd.

'Dad!' Safodd Bethan ar ganol y lawnt a rhuo nerth esgyrn ei phen nes bod y stryd yn atsain a'r llenni caeëdig yn crynu.

Daeth sŵn pwysau trwm i ysgwyd llawr llofft ei thŷ ac fe ymddangosodd wyneb coch crychlyd Jim Morus yn y ffenest. Roedd e'n crafu'i ben yn wyllt ac yn syllu drwy lygaid bach bach.

'Dad!' Ysgydwodd Bethan ei breichiau fel bwgan brain. 'Rwy'n mynd 'da Wncwl Glyn i'r traeth, OK?'

Doedd Jim ddim fel petai e'n deall.

'OK?'

Fflapiodd llaw Jim Morus, rholiodd ei lygaid a diflannodd e'n ôl drwy'r llenni. A dyna sut y daeth Bethan gyda ni. Mi fyddai hi wedi gadael drws ffrynt ei thŷ led y pen ar agor, oni bai i Dad ei hanfon yn ôl i'w gau.

Snwffiodd Bethan wrth gamu i mewn i'r car a wir, roedd yr arogl drewllyd yn waeth nag erioed. Rhaid i fi brynu un o'r pethau 'na sy'n llyncu aroglau drwg a'i hongian yn y car. Dwy ddim am i ni ddechrau drewi yn ein tŷ ni.

Rôn i'n teimlo'n annifyr ac i wneud pethau'n waeth,

21

fe ddechreuodd hi fwrw glaw. Roedd dyrnau Dad yn wyn am lyw'r car a gallwn i weld nad oedd arno damaid o awydd llusgo'r Jymbo allan a dechrau gyrru ar hyd y traethau.

Gallai Bethan synhwyro hynny hefyd.

'Ŷch chi am i fi wneud, Wncwl Glyn?'

'Jiw, na!' meddai Dad yn sionc. 'Alla i ddim fforddio'ch talu chi'ch dau.'

'Does dim eisie . . .' Crychodd Bethan ei thrwyn. Roedd hi'n gweld bod Dad yn benderfynol.

Rôn i'n crynu yn y glaw. Wrth fwrw golwg ar hyd y traeth, welais i'r un dolffin, dafad nac unrhyw anifail marw, drwy lwc, dim ond y blethen ddu o ffrwcs a gwymon ar benllanw.

Agorodd Dad gefn y cert a gollwng y Jymbo allan. Grwnai peiriannau glanhau carped o'r gwestai ar hyd y prom ac eisteddai ambell i ymwelydd boreol wrth y ffenestri yn syllu ar y glaw mân a llwydni'r tonnau.

Hisiai'r môr fel gwrach ddrwg ei hwyl a fynnai grafu'r traeth â'i hewinedd miniog. Oedd, roedd arno olwg wenwynig a'r awyr yn codi fel tarth du uwch ei ben.

Dôn i ddim am symud.

Ych-a-fi, yr hen Jymbo! Ond roedd Bethan yn fy ymyl fel sarjant.

'Dere,' meddai yn fy nghlust ac fe ddilynon ni Dad i lawr i'r traeth a'r tywod yn codi i lyncu'n traed fel llysnafedd barus gan boeri swigod o ewyn llwyd.

'Nwy methan,' sibrydais i wrth Bethan.

'Hm. Fe leiciwn i ddadansoddi beth sy yn y swigod 'na,' meddai hi.

'Gwenwyn?' gofynnais gan esgus cellwair.

'Eitha posib.'

Gafaelodd Bethan mewn rhaca ac fe weithiodd y ddau ohonon ni fel lladd nadredd. Tra bod Dad yn gyrru'r Jymbo ar hyd y traethau, fe gribinion ni'r gwymon yn bentwr a gadael i'r glaw ei foldio'n un twmpath taclus fel twmpath gwahadden enfawr.

Dechreuodd Bethan ganu:

'Hen sanau,
Rhaff a thun.
Taflwch nhw
Yn y bin.
Hen sanau,
Rhaff a th. . .'

Tagodd yn sydyn wrth lyncu glaw ac yn union wedyn fel eco fe dagodd y Jymbo. Daeth sŵn fel peiriant torri porfa'n gorlyncu, yna dim. Dim grwnan. Tawelwch.

Trois i fel chwip a Bethan 'run fath.

'Hei, 'nôl â chi at eich gwaith,' chwarddodd Dad. ''Sdim argyfwng. Rŷn ni'n gyfarwydd â phethe fel hyn, on'd ŷn ni 'rhen Jymbo? Wedi bwyta gormod wyt ti eto, yntê?' A gyda slapen fach galonnog i'r Jymbo dyma Dad yn tynnu sgriwdreifer o boced ei drowsus melyn *polythene* ac yn dechrau datod sgriws.

Aeth Bethan a fi i syllu i berfedd y Jymbo.

'Iych!' Rhaff blastig yn gwau drwy hen focsys, cwpanau a bowlenni. Os ôn i'n teimlo'n iych, aeth Dad i edrych yn eitha sâl. Fe ymsythodd ac ystwytho'i ysgwyddau cyn plygu am yr eildro, plymio'r sgriw-dreifer i ganol y plastig a dechrau crafu twnnel draw at bibell y peiriant er mwyn iddo gael anadlu unwaith eto.

'Ŷch chi'n iawn, Wncwl Glyn?'

'Gwisgwch eich menig rwber, Dad,' meddwn i. Roedd Mam wedi prynu llond bocs iddo ac mi welwn i'r pâr diweddara yn ymwthio o'i boced fel pysgodyn jeli marw. Pysgodyn pinc, pinc fel dwylo Dad y dydd o'r blaen.

Yn sydyn roedd yn gas gen i'r sbwriel. Pa hawl oedd gan bobl i daflu budreddi ar hyd y traeth ac yna disgwyl i Dad ei gasglu? Os rhywbeth, byddai'n well gen i weld Dad yn ôl ar ei eistedd o flaen y teledu yn hytrach na'n stryffaglio â'r hen Jymbo.

Trawodd Dad ei ddwylo bawlyd i mewn i'r menig.

'Dere, Mei,' meddai llais awdurdodol Bethan yn fy nghlust. 'Dŷn ni fawr o werth fan hyn.' A 'nôl â ni i glirio'r traeth fel tân gwyllt.

Roedd y traeth yn tyfu bob munud wrth i'r môr gilio'n ôl i adnewyddu'i nerth, ond wedi i'r Jymbo ailddechrau grwnan ac wedi i fi weld Dad yn eistedd yn dalog eto ar ei gefn, fe gribiniais i ddwywaith yn gynt.

'Dwy ddim yn gwbod sut gall Dad wneud hyn i gyd ar ei ben ei hun,' pwffiais.

'Mm,' meddai Bethan yn feddylgar.

Trois i edrych arni'n sydyn a neidiais mewn braw. Roedd hi'n dal ei rhaca tuag ata i â'i ben i fyny. Ar ei bigau gorweddai pysgodyn marw!

'M . . . mae pysgod yn gorfod marw rywbryd,' llefais.

'Mm,' meddai Bethan eto gan wthio'i thrwyn o fewn ychydig gentimetrau iddo.

Rôn i'n teimlo'n gwbl ddiflas â'r glaw yn rhedeg i lawr fy nghefn a'r hen dywod yn ymwthio drwy fy

24

nhrêners ac yn crafu bodiau fy nhraed, er 'mod i'n ddigon cyfarwydd â physgod marw pan a' i i bysgota ar afon Moelan gyda Steff fy ffrind. Gwyliais i Bethan yn ysgwyd y pysgodyn o bigau'r rhaca.

'Oes gan dy dad fenig sbâr?'

'Pam?'

Edrychodd Bethan arna i drwy gil ei llygad. Mae hi'n disgwyl i fi wybod popeth drwy delepathi.

'Ti 'rioed yn mynd i godi'r pysgodyn a mynd ag e adre?'

Nodiodd Bethan.

'Paa-id!' Allwn i ddim diodde meddwl bod unrhyw beth o'i le ar draeth Porth Main. Taflodd Bethan gipolwg cam arna i, ond ddywedodd hi'r un gair. Wnaeth hi ddim ildio chwaith. Gan nad ôn i'n gwneud unrhyw ymdrech i fynd i ofyn i Dad am bâr o fenig, fe gododd hi ddarn o focs pren o'r traeth a chrafu'r pysgodyn iddo â'r rhaca.

Cododd lwmp yn fy ngwddw.

'Mae'n rhaid i ti fod yn wyddonol. Mae'n rhaid darganfod pam bu'r pysgodyn 'ma farw,' meddai hi. 'Alli di ddim claddu dy ben yn y tywod fel estrys.'

'Chladdwn i mo 'mhen yn y tywod hwn am fil o bunne,' poerais.

'Yn union!' atebodd Bethan fel saeth.

5.

Ond, gwenwyn neu beidio, gwella wnaeth Dad. Fe wellodd yn iawn.

"Na fe! Dim ond rhyw bwl bach ar y stumog oedd

25

e,' meddai Mam. Roedd hi'n swnio'n falch. Rhaid ei bod hithau'n poeni bod y sbwriel yn effeithio ar ei iechyd e. Wedi'r cyfan pan fyddwch chi wedi treulio pymtheng mlynedd fel rhyw flodyn bach mewn swyddfa, mae'n rhaid bod gweithio ar y traeth yng nghanol llwyth o fudredd yn dipyn o sioc i'ch celloedd chi.

Erbyn nos Sadwrn roedd Dad yn bwyta llwyth o datws a mins o flaen y teledu. Rôn i wedi bod allan gyda Steff yn gweld tîm Porth Main yn chwarae Llanddwylan er mwyn cael seibiant oddi wrth sbwriel.

Pan waeddodd Steff '*Rub-bish*!' wrth i'r bêl lithro drwy ddwylo gôl-geidwad Porth Main, wnes i ddim ymuno yn y floedd. Mae'n gas gen i'r gair. Neu o leia *roedd* yn gas gen i'r gair y prynhawn 'ma. Pan gyrhaeddais i adre a gweld Dad yn chwerthin o flaen sioe Dewi Pws, anghofiais i deimlo'n ddig.

Ac fe anghofiais i am bysgod marw.

Roedd Jim Morus yn fwy swnllyd nag arfer y prynhawn Mercher canlynol wrth frasgamu i fyny llwybr ein gardd ni.

'Shw ma'i, Mei boi?' gwaeddodd gan anelu'i ddwrn at fy ysgwydd. 'Dad gartre?'

I mewn ag e i'r tŷ gan gau'r drws ar ei ôl. Fe ddeallais i'r neges. Doedd e ddim am i fi ei ddilyn. Es i gicio pêl i lawr y llwybr a stopio'n stond pan sylweddolais fod Bethan yn syllu arna i dros y ffens.

Ddywedodd hi ddim gair.

Rhedodd iasau bach i fyny 'nghefn ac fe wthiais i 'nhafod allan a thynnu wyneb hyll arni—a difaru ar unwaith am fod mor fabïaidd.

26

'O, shw ma'i, Mei?' meddai Bethan yn wylaidd. Trodd yn sydyn a hymian ei ffordd i fyny'r ardd.

Bethan yn wylaidd? Bethan ddim yn siarad? Fel arfer allwch chi mo'i stopio hi. Rhedais i at y ffens.

'Beth!'

Winciodd Bethan yn garedig.

'Gwaith cartre gen ti heno, Mei?' meddai.

'Y?'

Dyna'r tro cynta 'rioed i fi glywed Bethan yn poeni am fy ngwaith cartre i.

'Be sy'n digwydd?' gwaeddais yn chwyrn.

'Be?' Roedd Bethan yn edrych mor ddiniwed â babi blwydd.

'Pam wyt ti'n dweud dim?'

Cododd ei hysgwyddau. 'Be wyt ti eisie i fi ddweud?'

'Mae rhywbeth yn digwydd.'

Culhaodd llygaid Bethan.

'Dwed wrtha i!' chwyrnais. 'Neu . . . neu chei di ddim benthyg *Alien Attack* na *Grand Prix* gen i byth eto.'

Edrychodd Bethan i lawr ei thrwyn wrth glywed hynny. Mae hi'n ymarfer *Grand Prix* ar ei chyfrifiadur fel lladd nadredd er mwyn cael gwell sgôr na fi, ond dyw hi ddim wedi llwyddo hyd yn hyn.

'Dwed wrtha i!'

'Wel, falle nad yw e ddim yn bwysig,' meddai Bethan.

'Be sy ddim yn bwysig?'

'Y pysgodyn 'na.'

'O, YCH!' ffrwydrais a throi o'r ffens.

'Ie, ych,' meddai Bethan. 'Fe es i at ffrind i fi sy'n perthyn i gymdeithas achub anifeiliaid ac fe aeth e at

27

ddyn sy'n gweithio mewn labordy a dwedodd hwnnw
fod y pysgodyn yn llawn o gemegau.'

Snwffiais yn ddirmygus. Roedd ffrindiau Bethan yn
gweld gwenwyn ym mhopeth.

'Fe alle'r pysgodyn fod wedi digwydd cael ei sgubo'n
erbyn rhyw hen dun neu botel oedd yn cynnwys
cemegau,' meddai Bethan, 'neu . . .'

'Neu beth?'

Astudiodd Bethan fi am foment. Roedd hi'n amlwg
yn ceisio penderfynu a ddylai hi ddatgelu ei syniad dwl
diweddara i fi, Meirion Brown. Ac roedd hi'r un mor
amlwg mai dyna'n union wnâi hi yn y pen draw. Dyw
Bethan ddim yn un am gadw'n dawel.

'Rwy'n credu bod rhywun yn gwenwyno'r afon,'
meddai hi'n sydyn.

'Afon Moelan nawr!' Ochneidiais a suddo i lawr ar
y lawnt.

'Ti'n gweld, brithyll oedd e,' meddai Bethan.
'Pysgodyn dŵr croyw.'

'Ie, ond mae'r afon yn rhedeg i'r môr yn yr harbwr.
A dyw UN pysgodyn marw'n profi dim.' Jiw, mae hi'n
dwp!

'Rwy wedi gweld dau arall.'

'Tri i gyd? Whiw! Tri physgodyn marw!' Rholiais fy
llygaid.

Snwffiodd Bethan.

'Rŷn ni'n mynd i ddweud wrth yr awdurdode ta
beth,' meddai. 'Ond roedd Dad am ddweud wrth dy
dad di yn gynta gan ei fod e'n gweithio ar y traeth.'

'Rwyt ti eisie sarnu popeth, on'd wyt ti, jyst achos
bod Dad wedi cael gwaith,' gwaeddais. 'Ond mae Dad
yn iawn.'

Ac roedd e *yn* iawn. Pan es i i sbio drwy'r ffenest roedd e ac Wncwl Jim yn chwerthin llond eu boliau ac yn amlwg yn trafod popeth ond pysgod marw. Pan welodd Jim fy wyneb i wrth y ffenest, fe luchiodd glustog tuag ata i. Neidiais innau mewn braw, ond dim ond llithro'n dawel ar hyd y gwydr a disgyn yn llipa i'r llawr wnaeth y glustog.

Dyna fyddai'n digwydd i'r pysgodyn marw hefyd—llithro o'r golwg heb greu dim stŵr. Bethan yw'r un sy'n creu stŵr a hynny am ddim, fel arfer.

Wedi i Dad fynd at y gât gyda Jim, fe ddilynais i fe'n ôl i fyny'r llwybr fel ci bach gan dynnu ar ei siwmper.

'Dad.'

'Mm?'

'Be sy'n mynd i ddigwydd i'r pysgodyn?'

'Wyt ti eisie fe i swper gyda sôs coch?'

'Dad!'

'Wel, dyw un pysgodyn marw ar y traeth yn profi dim.'

''Na beth ddwedes i, Dad.'

'Bethan sy'n creu ffwdan fel arfer.'

Winciodd Dad arna i a phinsio 'ngwegil yn bryfoclyd. Rŷn ni'n dau'n 'nabod Bethan.

'Ddaw dim ohono fe, gei di weld. Traethau Porth Main yw'r glana yn Ewrop, dioch i Glyndwr Brown—a thraethe Llanddwylan hefyd.'

'Chi 'di cael *contract* pendant, Dad?'

'Ydw, 'was i.'

Doedd dim rhyfedd ei fod e yn y fath hwyliau da.

'Mae Jim yn mynd i hysbysu'r awdurdode am y pysgodyn,' ychwanegodd ymhen ychydig, 'ond ddaw dim ohono fe.'

6

Petai rhywbeth wedi dod ohono fe, mi fyddai Bethan wedi dweud. Wnaeth hi ddim.

Roedd Dad erbyn hyn yn codi gyda'r wawr. Tua phump o'r gloch fe fyddwn i'n troi yn fy nghwsg wrth glywed llawr y landin yn gwichian, y car yn grwnan a chert pren y Jymbo yn hercian dros ymyl y palmant. Erbyn i fi gyrraedd adre o'r ysgol byddai Dad yn chwyrnu'n braf ar y gwely neu'r soffa, ei wallt yn llaith a chyrliog a gwên fawr ar ei wyneb.

Yn ystod yr wythnosau hynny roedd ein tŷ ni'n drewi o bowdwr bath. Olchodd Dad 'rioed gymaint yn ei fywyd. 'Sam Sebon' oedd Mam yn ei alw. Roedd e'n ddau berson gwahanol—un funud yn felyn a phlastig ac yn gwynto braidd, y funud nesa mor lân a melys â dwylo deintydd.

Ond roedd ein car ni'n dal i wynto. Er gwaetha'r *air freshener* a'r ffenestri agored, roedd e'n arogli o bysgod byth a hefyd ac roedd Mam wedi dechrau cerdded i gyfarfodydd Merched y Wawr.

'Rhag ofn iddyn nhw feddwl mai môr-forwyn ydw i,' meddai hi. 'Rwy'n siŵr bod arogl pysgod wedi treiddio i berfeddion y car 'na.'

Mi ddywedodd hi hynna yng ngŵydd Bethan, gwaetha'r modd. Gwelais i lygaid Bethan yn culhau a rhyw olwg ddwys yn dod drosti.

'Bethan yw'r arbenigwr ar bysgod,' meddwn i fel jôc. 'Bethan Bwgan. Eisie codi ofn ar bawb.'

''Rhosa di, estrys,' atebodd hithau. 'Ryw ddiwrnod bydd raid i ti wrando arna i.'

Edrychais i i lawr i gyfeiriad y prom. Fe allwch chi

weld rhyw gip bach o fôr os sefwch chi ar ben wal yr ardd. Roedd hi'n ddiwrnod braf a phlant lwcus yn gwibio'n hanner noeth dros y traeth. Mae 'na rai rhieni caredig yn mynd â'u plant am wyliau yn ystod tymor yr ysgol. Piti na fuasai Mam a Dad yn gwneud 'run fath.

Petai Bethan yn cael ei ffordd, fe fyddai pawb yn crynu gartre yn y tŷ ac yn ofni mentro ar y traeth—o achos un pysgodyn marw.

Un!

Fe gofiais i 'mod i wedi'i galw hi'n fwgan y prynhawn wedyn. Tua hanner awr wedi pedwar oedd hi pan ddaeth sŵn fel corwynt.

'Mei!'

Roedd hi wedi byrstio i mewn drwy'r drws ffrynt heb gnocio hyd yn oed.

'Sh! Mae Dad yn cysgu,' chwyrnais.

'Mae'r pwll yn llawn ohonyn nhw!' Roedd hi allan o wynt, ei hwyneb fel blwch postio, y geg ar agor a'r bochau ar dân. Wnes i ddim byd ond syllu arni a disgwyl iddi ddod ati'i hunan.

Gwasgodd hi fy mraich fel gefel.

'Mae'r pwll yn llawn ohonyn nhw!'

Buasai'n dda gen i petai ffrindiau Bethan yn byw'n nes ati, ond ar stad yr ochr draw i'r dre mae cartrefi Jane a Hawys. Ac mae dau frawd hŷn Bethan i ffwrdd, un yn y Coleg Amaethyddol a'r llall yn rheolwr siop deledu. Maen nhw'n wahanol iawn iddi hi beth bynnag—yn gall a synhwyrol. Maen nhw'n trin Bethan fel jôc. Mae'n debyg mai dyna be sy'n bod arni. Dyna pam mae hi'n mynnu tynnu sylw ati'i hun drwy'r amser.

'Llawn o be?' gofynnais gan deimlo hanner cant o flynyddoedd yn hŷn na hi.

'O bysgod marw!'

'Twt!'

Ond os oedd hi'n dweud celwydd, roedd hi'n actores dda. Roedd hi'n llwyddo i 'nhwyllo.

'Mei, dere gyda fi!' Gafaelodd yn fy llawes.

'I ble?'

'I'r pwll dŵr. Y pwll methan 'na.'

Anadlais i'n ddwfn.

'Cer i ofyn i Jane neu Hawys,' dywedais.

'Pam?' poerodd hi ar unwaith. 'Wyt ti'n ormod o fabi?'

'Na,' atebais yn ddihitio.

Pam na chwilith Bethan am ffrindiau o'r un oedran â hi ei hunan?

Syllodd Bethan arna i a'i llygaid fel darnau o iâ.

'Wyt ti'n deall beth ddwedes i?' gofynnodd. Ac yna ychwanegodd yn araf a chlir, 'Mae'r pwll methan yn llawn o bysgod marw.' Gwylltiodd eto. 'O, Mei!' gwichiodd. 'Dere! Rhaid i ni ffonio'r heddlu. Rhaid . . .'

'Fe ddo i gyda ti,' meddwn i'n gyflym. Doedd arna i ddim eisiau i NI ffonio'r heddlu. Iesgyrn! Fe âi Mam yn wallgo. 'Fe ddo i gyda ti,' ochneidiais.

Pwll methan yn llawn o bysgod marw?

I Bethan gallai *llawn* olygu un neu ddau bysgodyn yn unig. Mae hi wastad yn gorliwio.

Doedd hi ddim wedi newid o'i dillad ysgol hyd yn oed. Fyddai ei mam a'i thad ddim adre tan bump o'r gloch. Es i lan i'r llofft ac edrych ar wyneb hapus, llaith Dad.

'Mynd allan gyda Bethan, Dad.'

'Mmm . . . Y?' Agorodd un llygad.

'Mynd allan gyda Bethan.'

Trodd Dad ar ei ochr a phlethu'i freichiau'n gyfforddus.

Roedd Bethan wedi lluchio'i bag ysgol ar ein soffa ni.

'Ych! Roedd e'n ddigon i wneud i fi gyfogi,' meddai ar un gwynt. 'O'r pellter roedd y pysgod yn sgleinio a'u boliau nhw'n wyn i gyd—a finne 'n meddwl mai ewyn oedd ar wyneb y pwll.'

Roedden ni'n brysio drwy fynedfa'r llwybr cyhoeddus erbyn hyn a'r gwartheg yn syllu arnon ni'n ddirmygus. Mae Dad yn dweud ambell waith 'mod i'n dwp fel llo. Rwy'n siŵr bod y gwartheg yn dweud wrth eu plant, 'Rŷch chi'n dwp fel pobol!' O leia dyna'r teimlad ges i wrth eu gweld nhw'n sbio arnon ni'r prynhawn hwnnw. Fe droeson nhw'u pennau'n ara deg a'n gwylio ni'n hercian at yr afon. Roedden ni wedi carlamu mor gyflym nes colli'n gwynt yn lân ac roedd gan Bethan bigyn yn ei hochr.

'Bethan,' meddwn i, gan ei dal ar foment wan, 'sawl pysgodyn oedd 'na, wir?'

'O!' Crychodd ei hwyneb a llyncodd ei hanadl. 'D . . . dau neu dri.'

'Dau neu dri!'

'Wel,' ffromodd, 'rôn nhw yn y pwll methan. Ych!'

Lwcus na ffonion NI'r heddlu am dri physgodyn. Mi fydden nhw wedi'n restio ni am wastraffu eu hamser.

Codais garreg fach o'r pridd a'i thaflu i'r afon oedd

yn sboncio'n chwim rhwng y graean gwyn â'i llond hi o ddŵr glaw. O'n blaenau cerddai pysgotwr yn araf i fyny'r dyffryn.

Pam mae Bethan bob amser yn gweld pysgod marw? Chlywais i 'rioed sôn am bysgotwyr yn cwyno ac mae tad Steff yn bysgotwr.

Pam?

Trois i ddilyn Bethan. Roedd hi'n prancio fel gwahadden afrosgo dros y grug a'i thei ysgol streip yn chwythu dros ei hysgwydd. Un funud roedd hi'n rhuthro at y pwll. Y funud nesa—Snap!—roedd hi wedi rhewi ar ganol cam fel petai ffilm wedi cael ei dorri yn ei hanner.

Yn yr eiliad honno diflannodd pob sŵn o'm clyw. Teimlais yr awyr yn crynu o'm cwmpas. Yna'n ara bach treiddiodd murmur yr afon yn ôl. Erbyn hyn roedd pen Bethan yn chwyrlïo fel top.

'Maen nhw wedi mynd!' gwaeddodd. 'Maen nhw wedi mynd, Mei!' Trodd yn ei hunfan a syllu arna i'n chwyrn. 'Rôn nhw 'ma, wir i ti, hanner awr yn ôl. Tri physgodyn marw. Mei!'

'OK.'

Cerddais yn bwyllog dros y grug.

'Rôn nhw 'ma. Weles i nhw!'

'Wyt . . .?' Na, doedd dim iws gofyn iddi oedd hi wedi gwneud camgymeriad. Syllais dros ganllaw'r bont ar y dŵr brown. Doedd 'na ddim tebyg i bysgodyn yn gorwedd ar ei wyneb. Dim tun Coca-cola, dim darn o blastig, dim sbwriel. 'Falle'u bod nhw wedi suddo,' dywedais.

'Pam dyle tri physgodyn suddo gyda'i gilydd yn yr un hanner awr?' Cipiodd Bethan y ffon a gadwai hi a'i thad yn y llwyn eithin a'i thynnu'n ofalus drwy'r dŵr. Fflachiodd rhywbeth yng nghanol y deiliach, rhywbeth crwn. Prociodd Bethan e â'i ffon, ond doedd e'n ddim byd ond clawr, clawr coch 'run fath â chlawr potel ond bod hwn dipyn mwy.

'Falle bod y pysgod wedi cael eu sgubo i mewn i'r afon,' awgrymais.

Diflannodd y clawr yn ôl o dan y mwd a chwythodd Bethan drwy'i thrwyn. Daliai'r dail i dyfu fel argae dros geg y pwll ac er bod afon Moelan yn rhuthro heibio, doedd 'na ddim cerrynt i sugno tri physgodyn marw i'r afon y diwrnod hwnnw. Edrychais ar Bethan trwy gil fy llygad. Roedd ei bochau'n goch a'r croen oddi amgylch yn wyn fel hufen.

'Roedden nhw 'na!' chwyrnodd yn fy wyneb i.

Nodiais innau. Naill ai roedden nhw yno, neu roedd Bethan yn wallgo. Un o'r ddau.

'Falle bod rhyw anifail wedi mynd â nhw,' awgrymais yn llipa.

'Buwch?' chwythodd Bethan.

Codais i fy ysgwyddau. 'Cath?'

'Paid â bod yn dwp.'

'Y pysgotwr 'na te.'

'Pa bysgotwr?' cyfarthodd Bethan.

'Falle'i fod e'n mynd â nhw adre i gael esgus ei fod e wedi dal rhywbeth,' chwarddais.

'Pa bysgotwr?' cyfarthodd Bethan eto.

Sefais ar flaenau 'nhraed a syllu i fyny'r afon.

'Roedd 'na bysgotwr draw fan'co funud yn ôl.'

'Ble mae e nawr?' Rhuthrodd Bethan at y bompren a dringo ar ei chanllaw.

'Der' lawr.' Roedd y pren yn plygu. 'Bethan!'

35

'Ble mae e nawr?' meddai hithau gan fy anwybyddu.

Fe lwyddais i'w llusgo i lawr o'r ganllaw cyn i'r pren gracio'n ddarnau.

'Mae e wedi mynd, siŵr o fod. Dim ond jôc oedd e, ta beth. Wyt ti ddim yn meddwl y bydde pysgotwr yn mynd â physgod marw wir, wyt ti?' chwarddais.

Ond roedd Bethan wedi dianc i lawr i'r graean ac yn sefyll â blaen ei hesgidiau yn y dŵr. Syllai i fyny'r afon.

Doedd 'na ddim sôn am bysgotwr. Chwythai awel fain o'r bryniau dros wyneb y dŵr. Afon wledig yw Moelan sy'n dirwyn drwy gaeau ac ambell i bentref bychan. Llithrodd yr awel fain drwy 'nghrys-T.

'Dere,' meddwn i â'm dannedd yn rhincian. 'Bydd Dad wedi dihuno.'

Ni symudodd Bethan.

'Rwy'n mynd.'

'Dwyt ti ddim eisie gwbod, wyt ti?' poerodd yn sydyn. Plygai'r afon fel sidan dros ei hesgidiau. Tynnodd ei thraed o'r dŵr. '*Roedd* 'na bysgod marw yn y pwll 'na, Meirion Brown. Wyt ti'n deall?'

'Ydw.'

'Roedden nhw yno . . .'—edrychodd ar ei wats— '. . . am bedwar o'r gloch pan ddois i yma ar fy ffordd 'nôl o'r ysgol. A nawr am bum munud i bump maen nhw wedi mynd.'

'Ydy hynny'n bwysig 'te?' gofynnais mewn llais bach.

Disgynnodd ei llaw ar fy ngwar.

'Meirion Brown,' meddai. 'All pysgod marw ddim cerdded.'

36

7

All pysgod byw ddim cerdded chwaith, erbyn meddwl. Nofio maen nhw fel arfer neu wingo ym masged bysgota tad Steff.

Mae gan Steff enwair, ond dim amynedd. Mae'n well ganddo fe gicio pêl nag eistedd fel dymi ar lan afon. Weithiau bydden ni'n dau'n mynd â'r enwair i roi cynnig arni, ond ers i'n car ni ddechrau drewi o bysgod roeddwn i wedi dechrau colli blas.

Yna brynhawn Llun diwetha fe ddywedodd Steff:

'Mae Dad 'di gweld samwn yn yr afon.'

'O?'

'Fe gollodd e fe.'

Aethon ni'n dau i lawr i edrych am y samwn coll ar ôl yr ysgol. Roedd 'na bysgotwr arall yno o'n blaenau ni a hwnnw wedi cael lwc. Fe welson ni'r dyn yn taro pysgodyn i'w fasged ac yna'n ymlwybro i fyny'r afon.

Safodd Steff yn stond a syllu ar ei ôl.

'Be sy?' chwarddais. 'Wyt ti'n meddwl ei fod e wedi dal y samŵn?'

'Potsiar,' sibrydodd Steff.

'Be?'

'Welest ti? Does gyda fe ddim genwair.'

Pam na sylwais i ar hynny? Roedd Steff yn iawn. Dyw silwét pysgotwr ddim yn gyflawn heb yr enwair hir yn ei law.

'Wedi bod yn goglais pysgod, siŵr o fod,' sibrydodd Steff. 'Twt twt! Bachgen drwg!'

Mae Steff a finnau wedi ceisio goglais pysgod cyn hyn, ond dŷn ni 'rioed wedi llwyddo i ddal dim.

'Uffern o glyfar, cofia di,' meddai Steff.

Roedd y pysgotwr yn diflannu'n araf a phwyllog â'i ben i lawr.

'Be sy'n bod arnat ti?' gofynnodd Steff. 'Wyt ti'n trio dal pryfed?'

Caeais fy ngheg yn glep.

'Leiciwn i fod wedi'i weld e'n dal y pysgodyn 'na,' meddai Steff. 'Galle fe roi gwersi i ti a fi.' Gwnaeth Steff ystum rhywbeth tebyg i basio pêl rygbi, ond mae'n debyg mai ceisio dynwared dal pysgodyn oedd e. 'Rhaid ei fod e'n gyflym.'

'Os nad oedd y pysgodyn wedi marw,' mwmiais i.

Chwarddodd Steff dros y lle.

'Ie, 'na ti dric! Prynu pysgod i lawr wrth yr harbwr ac esgus ei fod wedi'u dal nhw yn yr afon. Ond . . .' crychodd ei drwyn, '. . . pysgod môr fydde'r rheiny, ontefe?' Synfyfyriodd am ychydig cyn wfftio: 'Twt! Pwy fydde'n casglu pysgod marw jyst er mwyn esgus ei fod wedi'u dal nhw ta beth?'

Pwy?

Mae chwant arna i i beidio â cherdded ar hyd glan yr afon byth eto. Byth ers i fi fynd gyda Bethan ac Wncwl Jim i'r pwll methan, mae 'na ryw oerni'n perthyn i'r lle. Efallai mai Bethan a Jim a'u methan sy'n gwenwyno'r pysgod.

Tybed?

Mi benderfynais i ddweud wrth Bethan am y pysgotwr pysgod marw, ond pan gyrhaeddais i gyferbyn â gât ein tŷ ni, mi welais i Dad yn sefyll ar ben drws. Dyna lle'r oedd e'n sefyll â'i ysgwyddau'n ôl a'i fol yn cysgodi'r anemoni sy'n tyfu yn y crac dan y stepen. Roedd ei wên fel haul. Mi allwn i deimlo'i gwres hi ddeg metr i ffwrdd.

'Hai, Dad!' Trawodd fy nhrwyn yn erbyn ei fol. 'Pam ŷch chi ddim yn cysgu?'

'Cysgu!' Daeth ei ên yn sobor o agos at fy mhen i. 'Ydy Gwyn Llywelyn yn cysgu?'

'Be?'

'A Lyn Ebenezer?'

'Dad!' Trawodd y newyddion fi fel ergyd o wn. 'Rŷch chi'n mynd i fod ar y teledu!'

Nodiodd Dad a chario 'mlaen i nodio.

'Pryd?'

'Wel, rwy'n mynd i fod ar 'Hel Straeon' rywbryd, ond mae 'na bwt bach amdana i yn mynd i fod ar y newyddion heno.'

'Be?' Daeth llais Mam fel seiren i fyny'r llwybr.

'Reit, am y cynta i gael fy llofnod i, ffans!' chwarddodd Dad gan sgubo'r ddau ohonon ni i mewn i'r tŷ.

'Wyt ti'n mynd i fod ar y teledu? Pryd? Gwell i ni gael swper nawr glou,' meddai Mam gan ddechrau taflu pacedi o gig a llysiau ar draws bwrdd y gegin.

Drwy'r ffenest mi welais i Bethan a churo'r gwydr i dynnu ei sylw. Pan ruthrais i allan, roedd hi'n sefyll yn wyliadwrus wrth y ffens.

'Mae Dad yn mynd i fod ar y teledu!'

'O!' Agorodd ei cheg a'i gau fel pysgodyn. Aeth rhyw gryndod drwof i.

'A . . . ar y newyddion,' ychwanegais, gan faglu dros y geiriau.

'O!' Goleuodd wyneb Bethan. Edrychodd i gyfeiriad ffenest y gegin, lle'r oedd Dad yn wên o glust i glust, a chodi'i bawd arno. 'Rwy'n mynd i ddweud wrth Mam a Dad,' meddai gan ruthro i mewn i'w thŷ.

Ond roedd fy nghalon i'n atsain fel cloc mewn tun gwag. Roedd jyst edrych ar Bethan yn gwneud i fi deimlo'n annifyr. Moriai wynebau Mam a Dad y tu ôl i wydr y ffenest fel pysgod mewn acwariwm.

Pysgod.

Os yw pysgod yn marw . . .

Mae Mrs Richards, ein hathrawes, wedi sôn wrthon ni yn yr ysgol am gadwynau bwyd. Os yw barcud yn bwyta llygoden sy wedi bwyta gwenwyn, nid yn unig mae'r llygoden yn marw, ond mae'r barcud yn debyg o farw hefyd.

Os yw tad Steff yn dal brithyll sy bron â marw . . . Ond na! Fyddai brithyll bron marw ddim yn llyncu abwyd. Fyddai 'na ddim chwant bwyd arno fe.

'Mei!'

Rhuthrais i mewn i osod bord y gegin. Roedd Mam ar frys gwyllt yn lluchio mins o gwmpas yn y badell ffrio.

'Mae gyda ni awr eto, Mam.'

'Oes, ond alla i ddim setlo i lawr i wylio Dad, os yw swper ar ei hanner a llond y sinc o lestri brwnt.'

Winciodd Dad arna i. Mae'i wyneb e fel cneuen ers iddo ddechrau gweithio ar y traeth.

Ac ew! roedd e'n edrych yn ffit ar y teledu a'r newyddiadurwr yn edrych fel hen gynfas wely yn ei ymyl, yn llipa a llwyd.

Roedd y traeth yn disgleirio—wir!—yn union fel petai Dad wedi rhoi pob gronyn o dywod drwy'r peiriant golchi. Welais i 'rioed mohono'n edrych mor llachar o felyn.

'Triffic!' meddai un o'r ymwelwyr. 'Mi fydda i'n dod 'nôl 'ma flwyddyn nesa. Mae'r traeth fel pin mewn papur. Welais i 'rioed draeth mor lân.'

Llanwai Dad y sgrîn. Roedd e'n edrych fel *He-man*. Taflodd Mam ei braich am ei war a'i gusanu. Lluchiais innau fy hunan dros gefn y gadair a mwytho'i wallt. Cododd gwynt siampŵ i'm hwyneb i.

'Dad!' gwaeddais. ''Na i gyd ŷch chi'n wneud yw golchi.'

'Glyn Gwyn yw'r enw, boi,' meddai Dad gan fy nhynnu i dros y soffa.

'Glyn Brown,' dywedais ac fe chwarddon ni, achos Brown yw'n cyfenw ni ac roedd Dad yn frown fel cneuen—deall?

8.

'Gweles i dy dad ar y teledu.'

Roedd pawb yn disgwyl amdana i wrth gât yr ysgol yn y bore, pawb ond Steff.

'Dwedodd Mam ei fod e'n edrych fel James Bond,' meddai Sharon.

'Ble mae Steff?' gofynnais.

'Mitsio?' Cododd Sharon ei hysgwyddau.

'Ble mae Steff?' Dechreuais anesmwytho. Disgynnodd fy llygaid ar Sera sy'n byw drws nesa iddo.

'Mae e'n sâl,' meddai hithau. 'Roedd e'n sâl neithiwr yn y nos.'

'Pam?' llefais. Rôn i'n poeni am y gwenwyn o hyd.

41

Edrychodd pawb arna i'n hurt.

'Pam?' gofynnais yn dawelach.

'Wn i ddim,' meddai Sera'n ddi-hid.

'Bwyta gormod, siŵr o fod,' chwarddodd Tim.

'Mae lot o bygs o gwmpas,' meddai Lowri.

Torrodd cloch yr ysgol ar ein traws. Wrth i fi fynd drwy'r drws, disgynnodd llaw Mrs Richards ar fy ysgwydd a'i gwasgu.

'Da iawn Dad, ontefe Meirion?' meddai. 'Dwed wrtho fe 'mod i wedi mwynhau.'

Roedd Mrs Richards yn yr un dosbarth ysgol â Dad. Ar ôl y gwasanaeth fe gawson ni sgwrs ganddi am 'Gymru Lân'.

'Fe roddwyd i ni wlad hardd o fynyddoedd, dyffrynnoedd, caeau gleision ac afonydd crisial,' meddai. 'Ein cyfrifoldeb ni yw edrych ar ei hôl hi. Pwy arall all wneud?'

'Dw i byth yn taflu sbwriel ar y llawr, Mrs Richards,' meddai Sharon.

'Na fi!'

'Na fi, Mrs Richards.'

'Da iawn chi. Petai pob un 'run fath â chi, fydde dim rhaid i dad Meirion weithio mor galed. Mae e wedi mynd gam ymhellach na ni. Mae e'n *codi* sbwriel mae . . .'

'Mrs Richards!' Saethodd llaw Mari-Ann i'r awyr. 'Mae Mam wedi gweld rhywun yn codi sbwriel ar lan yr afon hefyd.'

'Pwy?' Tasgodd y gair o'm gwefusau.

'Rhyw ddyn.'

'Pysgotwr?'

Cyn i Mari-Ann gael amser i dynnu anadl, roedd Mrs Richards yn torri ar ei thraws.

'Paid ti â gwylltio nawr, Meirion,' chwarddodd. 'Rwy'n siŵr nad yw e ddim yn dwyn swydd dy dad.'

Amser chwarae fe ruthrais i ar ôl Mari-Ann.

'Iefe pysgotwr oedd y dyn casglu sbwriel?' gwaeddais arni.

'Dwy ddim yn gwbod!' gwaeddodd hi'n ôl arna i.

Sleifiais i ffwrdd ar fy mhen fy hunan i ben draw'r iard. Piti na fuasai Steff yno.

Mae tŷ Steff yn ymyl yr Ysgol Gyfun. Pan es i i fyny yno'n syth ar ôl yr ysgol, sbeciodd ei fam arna i drwy'r ffenest ffrynt. Hanner-agorodd hi'r drws a dros ei hysgwydd mi welais i ben Steff yn ymddangos o'r gegin. O leia roedd e'n fyw.

'Gwell i ti beidio â dod i mewn, Mei bach,' meddai mam Steff, 'rhag ofn i ti ei ddal e.'

'Dal beth?'

'Yr hen salwch 'ma. Ych! Chysgodd yr un ohonon ni winc drwy'r nos.'

'Ŷch chi'n well?' gofynnais yn grynedig.

'Ydyn, siŵr!' chwarddodd mam Steff. 'Ond dwy ddim eisie i ti ei ddal e, ti'n gweld.'

Cododd Steff ei fawd arna i a chodais innau 'mawd yn ôl.

'Bydd Steff 'nôl yn yr ysgol fory, siŵr o fod,' galwodd ei fam yn galonnog wrth i fi gilio ar hyd y llwybr.

Arhosais i am foment wrth y gât i gael fy ngwynt yn ôl. Roedd 'na don fawr o grysau gleision yn arllwys drwy fynedfa'r Ysgol Gyfun a doeddwn i ddim am gael fy ngwasgu dan draed neu 'mhwnio gan y bagiau boldew oedd yn hongian dros bob ysgwydd.

'Mei!'

Wrth i fi lithro drwy'r gât daeth bloedd o ganol twr o ferched mawr, gwyllt yr olwg. Suddodd fy mhen i'm hysgwyddau. Bethan!

'MEI!'

Allwn i ddim cymryd arna i 'mod i heb ei chlywed hi. Roedd pawb o fewn hanner milltir yn troi eu pennau. Sgrialodd tuag ata i â'i gwallt yn ffluwch, gan bwffian fel byffalo.

'Be wyt ti'n ei wneud fan hyn 'te?'

Pan fydd hi gyda'i ffrindiau, mae Bethan yn siarad â fi fel petawn i'n ddwy flwydd oed.

'Meindia dy fusnes,' atebais gan droi 'nghefn arni a mynd yn fy mlaen.

Dechreuodd ei ffrindiau giglan.

'Dim ond achos bod ei dad wedi bod ar y teledu, mae'i ben e wedi chwyddo fel ffwtbol,' meddai Bethan. 'Wel! Wel!'

Trois i lawr Heol y Gradell a'i heglu hi am adre. Nid ffordd hynny y bydda i'n mynd adre fel arfer, ond dyw hi ddim tamaid pellach na'r wâc arferol ar hyd y Stryd Fawr. Felly sioc o'r mwyaf oedd gweld Bethan yn troi'r gornel ym mhen pella'n stryd ni ryw ddwy eiliad yn unig wedi i finnau ruthro i'r stryd.

Arafais i.

Arafodd Bethan.

Ac fe gerddon ni'n dau at ein gilydd gan esgus nad oedd dim o'i le.

'Wel,' meddai Bethan wedi i ni gyrraedd ein gatiau. 'Wyt ti'n mynd i fod yn fwy serchog nawr?'

Codais f'ysgwyddau heb ddweud gair.

'Beth wyt ti wedi bod yn 'i wneud 'te? Chwarae gyda Steff?'

'Mae Steff yn sâl.'

'O? Be sy?'

'Rhywbeth ar ei stumog.'

'Mm. Mae lot o'r bygs 'ma o gwmpas,' meddai Bethan. 'Mae e'n gwella, ydy e?'

Syllais i arni am foment â'm calon yn ffustio. Nodiais.

'O,' ochneidiodd Bethan. 'Rwy bron marw eisie rhywbeth i'w yfed. Rwy'n mynd i gael loli rhew.'

Eiliad neu ddwy yn ddiweddarach wrth i ni'n dau anelu at ein drysau ffrynt, meddai'n sydyn. 'Wyt ti am un?'

Taflais fy mag ysgol i mewn drwy ddrws ein tŷ ni.

'OK.'

'A' i i nôl un i ti nawr.'

Roedd Bethan yn ymbalfalu am ei hallwedd yn ei bocs pensiliau. Dringais i ar ben ein hen gwt glo ni a neidio dros y ffens. Roedd Bethan wedi gwneud lolis ei hunan mewn moldiau. Mi allwn i glywed ei sŵn hi'n ceisio'u rhyddhau nhw wrth y sinc. Pan ddaeth fy un i allan, roedd e'n sefyll ar ei bren mor gam â thwr Pisa ac yn glynu wrth fy mysedd a'm gwefusau.

Gallwn ei deimlo'n llifo i lawr fy nghorn gwddw fel afon werdd.

''Na liw ych-a-fi,' crawciais wrth Bethan.

'Ie, ontefe?' meddai hithau'n hapus. Roedd hi'n gwneud sŵn mawr wrth sugno a'i lolipop yn gwelwi ar y top.

Aeth hi'n dawelwch mawr rhyngon ni, Bethan yn

edrych yn freuddwydiol ac yn gytûn a finnau'n corddi. Roedd chwys yn rhedeg i lawr fy wyneb.

'Iesgyrn!' meddai Bethan wrth fy ngweld i. 'Wyt ti eisie lolipop arall?'

'Bethan!' llefais.

'Mm?'

'Rwy wedi gweld y dyn 'na eto ar lan yr afon,' cyfaddefais ar ras. 'Ac mae mam Mari-Ann wedi'i weld e hefyd.'

Agorodd llygaid Bethan yn grwn fel pêl a daeth sŵn bach o'i gwddw.

'Y pysgotwr 'na. Y dyn sy'n casglu pysgod marw. Gweles i a Steff e neithiwr. Roedd Steff yn meddwl mai goglais pysgod oedd e, achos doedd ganddo fe ddim genwair a . . .'

Doedd Bethan ddim yn gwrando arna i. Roedd hi ar ei phenliniau ar y wal yn syllu i gyfeiriad afon Moelan, er na allai hi weld dim ond lein ddillad drws nesa.

'Ond weles i mohono fe'n goglais pysgod,' dywedais mewn llais bach. 'Dim ond yn codi pysgod marw.' Syllais i arni hi. 'Beth!' Rhois bwniad iddi.

'Rwy wedi dweud wrth Dad,' meddai o'r diwedd â'i llais yn cynhyrfu fwy bob eiliad. 'Rwy'n siŵr bod rhywbeth mawr o'i le ar yr afon, ond . . .'

'Ond be?'

Chwipiodd ei phen tuag ataf. 'Wyt ti'n cofio'r pysgodyn 'na, hwnnw oedd ar y traeth? Wel, fe aeth Dad a fi ag e at y Gwasanaeth Iechyd ac mi ddwedon nhw nad oedd dim i ofidio amdano.'

'Os ŷn nhw'n siŵr . . .'

'Mae Dad yn dweud na allwn ni ddim poeni pobl eto

46

â physgod marw, neu fe fydd pawb yn meddwl nad ŷn ni ddim hanner call. A ta beth. . .'

Roedd hi'n stopio fel cloc. Rhois i bwniad iddi i'w hailgychwyn.

'A ta beth,' meddai Bethan, 'does 'da ni ddim pysgod marw, oes e? Maen nhw 'da'r dyn 'na. Betia i di mai fe aeth â nhw o'r pwll y diwrnod o'r blaen. Ew, Mei!' Rhedodd ysgryd drwyddi. 'Be wnawn ni?'

Fe gofiais i eiriau Mrs Richards—'Ein cyfrifoldeb ni yw hi'—ond ddywedais i ddim gair. Gadewais i hynny i Bethan.

'Mei!' meddai. 'Rhaid i ni edrych am y dyn 'na.'

'Pryd?'

'Bore fory?'

9.

Chwarddodd Dad pan glywodd e 'mod i a Bethan am fynd gydag e i'r traeth gyda'r wawr fore trannoeth.

'Rhy hwyr, blant bach,' meddai. 'Rŷch chi wedi colli'ch cyfle. Fydd 'na ddim criw teledu ar y traeth bore fory.'

''Sdim ots 'da ni, oes e, Mei?' meddai Bethan.

'Gwell i chi aros tan ddydd Sadwrn,' meddai Mam. 'Mae 'na ysgol fory.'

Rôn i'n barod amdani. 'Mi a' i i'r gwely'n gynnar,' addewais fel ergyd o wn.

'Ti a dy wely cynnar,' chwarddodd Mam.

'Wir!'

Roedd Dad yn tynnu stumiau ar Mam uwch fy mhen

ac mi wyddwn i fod Bethan a finnau'n saff o gael mynd.

Fore trannoeth rôn i'n bwyta *Frosties* yn y gegin â'm llygaid yngháu.

'Cer 'nôl i dy wely,' meddai Dad.

'Na!' Tasgodd fy llygaid ar agor.

'Wel, os byddi di'n cysgu yn nosbarth Mair Richards, paid ti â rhoi'r bai arna i.' Safodd am funud y tu ôl i'm cadair â'i fraich am fy ysgwydd. 'Syniad pwy yw dod allan yn fore fel hyn? Bethan?'

'Na.'

'Siŵr?'

'Ydw,' meddwn i'n gadarn.

'Paid â dweud dy fod ti'n mynd mor ddwl â hi. Rhaid i ti ffeindio cariad arall 'achan.'

'I-YCH!'

'Mae hi'n rhy hen i ti,' chwarddodd Dad a dianc 'nôl wrth i fî geisio procio'i fol.

'Cariad, hy! Alla i ddim help os ŷn ni'n byw drws nesa iddi.'

Y funud honno dyma wyneb Bethan yn llanw'r ffenest a ffodd Dad o'r gegin gan biffian chwerthin.

Es i i agor y drws.

'Barod?' meddai Bethan.

'Bron,' atebais yn ddiserch.

Edrychodd Bethan arna i o dan ei haeliau. Roedd hi'n amau 'mod i am dynnu'n ôl.

'Rwy bron yn barod,' meddwn i'n urddasol. 'Dim ond aros i Dad ddod allan o'r stafell 'molchi.'

'Mei!' meddai llais cysglyd Mam uwch gwichian

sbrings ei gwely. 'Dere di'n ôl i newid cyn mynd i'r ysgol, cofia.'

'Iawn.'

Distawodd y sbrings. Yn eu lle treiddiodd chwyrnu'r car drwy wal y garej a rhedais i wisgo fy nghrys chwys gwyrdd.

'Gwyrdd fel dail neu borfa,' meddai Bethan y noson cynt. 'Paid â gwisgo lliwie llachar i dynnu sylw atat dy hun.'

Doedd 'na neb o gwbl i gymryd sylw ohonon ni ar draeth Porth Main—ffenestri pob gwesty yn dywyll a'r llenni wedi'u tynnu. Agorodd Dad gefn y cert a gadael i Jymbo rolio allan. Roedd e'n mwynhau sgwrs dawel â'i hunan bach. Gallwn i weld hynny o'r wên ar ei wefusau.

Fe gofiodd yn sydyn am Bethan a fi wrth eistedd ar y Jymbo.

'Beth ŷch chi'ch dau'n mynd i'w wneud?'

'Allwn ni fynd i weld a oes 'na sbwriel ar lan yr afon?' gofynnodd Bethan. 'Fe fydd Mei yn iawn. Fe edrycha i . . .'

'Na wnei!' Rhois i gic iddi.

'Sh!' Gwgodd Bethan arna i a gwenu ar Dad. 'Fe edrycha i ar ei ôl e.'

'Iawn.'

Taniodd Dad y peiriant. Am yr awr neu ddwy nesaf, welai e ddim byd ond sbwriel. Roedd penllanw canol nos wedi cludo rheffyn hir o sbwriel a gwymon i'r lan a'i adael yn dwt ar y traeth.

'Dere!' sibrydodd Bethan yn fy nghlust ac fe droeson ni'n gyflym i gyfeiriad yr harbwr.

'Edrych!' Doeddwn i ddim wedi disgwyl gweld dim,

ond wrth bwyso dros wal yr harbwr a syllu ar afon Moelan yn byrlymu i'r môr, fe welais i rywbeth gwyn yn tasgu ar y cerrynt. 'Pysgodyn marw!' ebychais.

Daliodd Bethan ei hanadl. 'Falle . . .'

'Rwy'n siŵr mai dyna beth oedd e.'

'Wyt ti?'

Crawciodd gwylan uwch ein pennau a hofran dros y tonnau. Phlymiodd hi ddim i nôl y peth gwyn chwaith.

'Dere,' meddai Bethan gan ddiflannu o'm blaen ar hyd y strydoedd culion wrth ymyl yr harbwr. Ymhen pum munud roedden ni'n ôl ar ben ein stryd ni ac yn ymwthio drwy'r gât i'r llwybr cyhoeddus. Roedd 'na biod ym mhobman a brain yn crwydro'r hewlydd. Perthynai'r bore i'r adar, tra daliai'r gwartheg i orweddian yn y borfa las gan gnoi'u cil yn syn a dirmygus wrth weld Bethan a fi'n gwibio heibio ac yn crensian i'r graean ar lan yr afon. Tinciai'r afon dros y cerrig wrth sgubo'n erbyn y lan bella.

Gafaelodd Bethan yn fy llawes.

'B . . . be?' gwichiais.

'Dim.'

Ymsythodd Bethan a chraffu ar hyd ochr chwith yr afon i'r pellter, yna croesodd ei llygaid y dŵr a dod yn eu hôl.

'Dim!' Taflodd gipolwg sydyn dros ei hysgwydd, ond doedd dim enaid byw i'w weld rhyngon ni a'r môr.

'Beth ŷn ni'n mynd i'w wneud?'

'Cuddio i weld a welwn ni rywun. Mae gen i becyn o *Soft Mints*. Paid â becso.'

'O, grêt!' snwffiais.

Roedd yr afon a'i pharablu diddiwedd yn gwneud i

fi deimlo'n anesmwyth, fel petai'n mynnu gwneud sŵn er mwyn cuddio rhyw anfadwaith. Anelodd Bethan am y bompren a'r pwll methan â'i llygaid ar y llawr. Cyflymodd wrth nesáu at y pwll a syllu ar y dŵr.

'Dim.'

Dim un pysgodyn marw, os nad oedden nhw'n cuddio o dan y llysnafedd gwyrdd a lynai wrth ochrau'r pwll.

'Rwy'n siŵr bod 'na lwyth o fethan fan'na heddi,' meddai Bethan.

'Dwyt ti ddim yn mynd i . . . ?' gofynnais â'm llygaid yn fawr.

'Na,' chwarddodd Bethan. 'Dwy ddim yn mynd i brocio'r dŵr heddi.' Edrychodd o'i chwmpas. 'Fe allwn ni eistedd y tu ôl i'r llwyn eithin 'ma, os wyt ti'n moyn.'

'Mmm.' Roedd 'na wlithen fawr ddu yn ymlwybro dros y borfa yng nghysgod y llwyn. Baglais i a Bethan dros dwmpath o rug a swatio ar fwsog brau a sych rhyw bymtheng metr o'r llwybr. Cododd cornchwiglen i'r awyr uwch ein pennau a disgyn ar garreg yn ymyl yr afon.

'Leiciwn i petawn i wedi dod â *Walkman*,' sibrydais wrth Bethan.

'Dyw ditectif ddim yn gwisgo *Walkman*,' atebodd hithau.

Crychais fy ngwefus, dylyfu gên a phlethu 'mreichiau am fy nghoesau. Dim ond deng munud wedi saith oedd hi. Gwthiodd Bethan *Soft Mint* i'm llaw ac fe gawson ni gystadleuaeth i weld pwy allai sugno hiraf.

Fi fyddai wedi ennill oni bai i fi lyncu'r darn olaf yn sydyn. Yn ddirybudd, fel petai wedi disgyn o'r awyr, fe glywson ni grensian traed ar y graean, yna swn meddal welingtons yn croesi'r bompren—ac o'n blaenau fe gerddodd pysgotwr â'i enwair dros ei ysgwydd. Mi fuasai wedi'n gweld yn hawdd oni bai ei fod yn gwylio'r afon.

'I-aw!' Roedd y *Soft Mint* yn clwydo ar flaen tafod Bethan. Ces i gip ohono wrth iddi agor ei cheg yn syn. Symudodd y ddau ohonon ni'n glòs at ein gilydd a swatio wrth y llwyn eithin nes clywed swn traed yn y dwr.

Mentrodd Bethan sbecian dros y llwyn.

'Mae e'n pysgota,' meddai.

'Mae ganddo fe enwair,' dywedais.

'Nid hwnna yw'n pysgotwr ni 'te.' Chwythodd Bethan ei bochau.

Safai'r pysgotwr yn y dwr bas â'i linyn yn hedfan at y pwll dwfn wrth y geulan yr ochr draw i'r afon.

'Dyw e'n dal dim,' meddai Bethan ymhen sbel.

'Mm.'

'Falle nad oes dim pysgod ar ôl yn y dwr.'

'Hy!' Rôn i'n ddigon cyfarwydd â gweld tad Steff yn aros yno am oriau heb ddal yr un pysgodyn, er 'mod i'n medru gweld eu cyrff brown yn fflachio drwy'r dwr.

Cyn hir fe symudodd y pysgotwr. Rôn i'n ddigon cyfarwydd â hynny hefyd. Mae 'na fath o bysgotwr sy'n ei osod ei hun ar y lan, math arall sy'n cerdded i fyny'r afon gan anelu'i enwair at y dwr a gadael i'r bluen nofio ar y cerrynt cyn ei thynnu'n ôl.

'Hm!'

Suddodd Bethan yn ôl ar ei sodlau, plyciodd y pecyn losin o'i phoced a gwthio un i'm ceg i.

'I-ync!' Roeddwn i newydd agor fy ngheg i dynnu'i sylw hi at y pysgotwr. Bu bron imi â thagu pan wthiwyd y *Soft Mint* i mewn iddi. Plyciais i e allan ar unwaith i gael fy ngwynt.

Erbyn hynny roedd Bethan wedi gweld beth welais i—y pysgotwr yn cyrcydu ar y graean ac yn syllu ar rywbeth o dan ei drwyn, yna'n codi ac yn cicio'r peth â blaen ei welington.

'Pysgodyn marw?' Ffurfiodd Bethan y cwestiwn â'i gwefusau.

'Gwylia!' Gwasgais fy mysedd i'w hysgwydd a'i thynnu i'r llawr. Roedd y pysgotwr yn troi tuag aton ni ac yn ymlwybro'n ôl ar hyd glan yr afon.

Daeth atsain traed o'r bont, yna gwichian y graean yn araf dawelu.

'Rwy'n mynd i edrych ar y pysgodyn,' sibrydodd Bethan.

'Sh!' Roedd y pysgotwr yn dal ar lan yr afon wrth ymyl y gamfa a arweiniai i'r llwybr cyhoeddus.

''Sdim ots os gwelith e ni,' sibrydodd Bethan. 'Nid hwnna yw'r un oedd yn casglu'r pysgod marw neu . . .' Llyncodd a syrthio yn fy erbyn.

'Be?'

Daeth ei hwyneb i gwrdd â f'un i, ei llygaid ar dân a'r croen yn wyn wyn dros esgyrn ei bochau.

Codais fy mhen ac ebychu.

Tuag aton ni o gyfeiriad y bryniau cerddai dyn mor ddistaw â chysgod. Gwisgai got oel werdd ac am ei ysgwydd hongiai basged pysgotwr.

'Dim genwair,' meddai Bethan yn fain.

'Na.' Plygais fy mhen yn sydyn.

Nid ar yr afon yr edrychai'r pysgotwr hwn. Roedd ei

lygaid yn gwibio i bobman a'i draed fel pawennau cath ar y graean. Wyddwn i ddim ble oedd e a rhedai iasau oer fel afon i lawr fy nghefn. Disgwyliwn weld ei gysgod du yn hofran uwch ein pennau.

Llyncodd Bethan ei hanadl a mentro sbecian dros y llwyn. Roedd pwysau'i llaw ar fy mraich yn fy nal i'n ôl.

'Mae e'n codi'r pysgodyn marw!'

'Pa bysgodyn?'

'Hwnna welodd y pysgotwr arall. O leia mae e'n plygu yn yr un man. Mae e'n ei roi e yn ei fasged.'

'Be nawr?'

'Sh!'

Roedd sŵn ei draed yn dawelach na'r afon. Prin y gwichiodd y bompren. Rôn i'n ceisio dal fy hun yn stiff ac eto'n methu a stopio crynu. Cropiodd Bethan drosof a gwthio'i phen rownd y llwyn.

'Mae e'n mynd tua'r môr.'

'Ble wyt ti'n mynd?' Llusgais hi'n ôl.

'I'w ddilyn e. Dere.'

'Mae hi bron yn hanner awr wedi wyth.' Roedd ei wats ddigidol yn fflachio o flaen fy llygaid.

'Rwy eisie gwbod ble mae e'n mynd.'

Cododd Bethan ar ei thraed. Edrychodd arna i am foment, yna troi ar ei sawdl a brasgamu dros y mwsog brau. Neidiais innau ar fy nhraed a rhedeg ar ei hôl. Roedd hi'n well ar ôl codi. Dôi'r llwybr cyhoeddus yn nes ac yn nes a dim ond i fi droi iddo, mi fyddwn gartre mewn chwinciad.

Winciai'r haul ar doeau Porth Main a chwyrnai'r bysus ysgol heibio ar eu ffordd i'r Ysgol Gyfun.

'Rwyt ti'n mynd i fod yn hwyr i'r ysgol.'

Cododd Bethan ei hysgwyddau.

O'n blaenau cerddai'r dyn â'r got oel yn hamddenol heb frys yn y byd. Hanner milltir i ffwrdd codai'r bont dros yr afon a thraffig y bore yn rhygnu ar hyd-ddi.

'Rwy'n mynd i'w ddilyn e adre,' sibrydodd Bethan. 'Rwy eisie gweld ble mae e'n b . . .'

Tawodd yn sydyn. Roedd y dyn wedi troi'n ddi-rybudd a chamu i'r afon. Roedd e'n croesi i'r lan bella ac yn troi tuag aton ni.

'Iaw!' gwichiodd Bethan gan fy ngwthio i tuag at y llwybr cyhoeddus. Rholiodd y ddau ohonom dros y gamfa, a heb aros i feddwl fe redais i adre.

10.

'Meirion!' Torrodd llais Mrs Richards ar fy nhraws. Roedd hi bron yn amser cinio a'r haul yn gorwedd yn bwll mawr cyfforddus ar fy nesg. Yn union fel roedd Dad wedi dweud, rôn i'n cysgu yn y dosbarth. Gwenais yn ddwl ar Mrs Richards, gan obeithio y byddai'n anghofio amdanaf ac yn gadael llonydd i fi bendwmpian ar y ddesg. Ond roedd Mrs Richards yn benderfynol.

'Meirion! Dihuna, wir! Dratia'r haul 'na!' gwaeddodd, gan ruthro draw at y llenni rholyn a boddi Dosbarth Pedwar mewn cysgodion mawr cynnes. Ces i broc yn fy ochr gan Steff. Roedd e wedi gwella ac yn edrych mor fywiog â'r dydd.

O achos y llenni rholyn ni welson ni'r car heddlu yn stopio o flaen yr ysgol bum munud yn ddiweddarach, ond fe glywson ni'r cyfarth a'r chwyrnu dychrynllyd.

Ffrwydrodd y sŵn drwy'r stafell. Fyddwn i 'rioed wedi cysgu drwy hwnnw. Rhuthrodd Mrs Richards o'r dosbarth ar ei hunion, ac fe arhoson ni'r plant yn sownd yn ein seddau yn syllu ar ein gilydd. Symudon ni ddim. Roedd y synau mor erchyll â hynny.

O'r dosbarth drws nesa deuai sŵn cadeiriau'n gwichian dros y llawr a lleisiau syn.

'Be sy'n digwydd?' meddai Steff yn gryg.

Roedd Dosbarth Tri drws nesa yn sgrechian. Fe glywson ni nhw'n rhuthro at y ffenest. Roedd pobl yn gweiddi yn yr iard a'r sŵn yn cau amdanon ni. Tasgodd Steff o'i gadair, ond y funud honno dyma Mrs Richards yn rhuthro'n ôl i'r stafell ac yn sefyll o'n blaenau â'i gwynt yn ei dwrn.

Disgynnodd tawelwch mawr dros y dosbarth.

'Wel, 'na helynt!' Gwthiodd Mrs Richards ei dwylo drwy'i gwallt a rhythu arnon ni. 'O, Dosbarth Pedwar, fe gollsoch chi'r cyffro, on'd do?' A draw â hi at y ffenest i godi'r llenni.

Hoeliodd pawb eu llygaid ar y ffenest. Drwy ffens yr ysgol fe welson ni wyneb ar ôl wyneb yn sbecian o'r tai yn y stryd gyferbyn, sbecian ar gar heddlu, ar fan ddu ac ar John Hamer, y milfeddyg, yn sefyll ar ganol yr hewl â menig trwchus am ei ddwylo.

'Beth sy wedi digwydd?' Roedd Steff ar fin ffrwydro.

'Wel, nawr 'te, blant,' meddai Mrs Richards gan anadlu'n gyflym a phwyso'i dwylo ar y ddesg. 'Rwy am gael gair â chi.'

Cyn iddi gael amser i ddweud dim mwy, daeth Mr Jones, y prifathro, i'r stafell a sibrwd yn ei chlust. Roedd llygaid Steff fel soseri.

'Beth wyt ti'n feddwl sy'n digwydd?' gofynnodd.

'Wn i ddim,' gwichiais.

'Reit, blant,' meddai Mrs Richards yn uchel. 'I mewn â chi i gyd i'r neuadd. Yn DREFNUS.'

Roedd Dosbarth Tri yn parablu pymtheg y dwsin ac yn brolio. Nhw oedd yr unig rai oedd wedi gweld yr helynt. Dosbarthiadau Tri a Phedwar yw'r unig rai sy â'u ffenestri'n wynebu Heol yr Odyn.

'Welsoch chi'r ci 'na?' meddai Ffion Mair.

'Beth oedd e'n wneud?' Bu Steff bron â damsang arna i wrth geisio mynd ati i glywed y stori.

'Roedd bybls yn dod mas o'i geg e.'

'Bybls?'

'Dosbarth Pedwar!' rhuodd Mrs Richards.

'Bybls!' Rholiodd Steff ei lygaid arna i.

Allwn i ddim peidio â meddwl am y pwll methan a'r bybls yn codi. Ac yna'r pysgod marw.

Curodd Mr Jones ei ddwylo ac edrychodd yn ddifrifol arnon ni dros y ford ddarllen.

'Nawr blant,' meddai. 'Mae gen i neges i chi oddi wrth heddlu Porth Main.'

Aeth pawb yn dawel dawel.

'Roedd 'na gi y tu allan i'r ysgol heddiw, ci sâl. Nawr rwy am i chi i gyd fod yn ofalus iawn ar y ffordd adre. Os gwelwch chi gi dierth sy'n ymddwyn yn od . . .'

Dechreuodd un o'r bechgyn bach lefain. Arhosodd Mr Jones nes i Miss Lewis, athrawes y plant bach, fynd ato a'i gysuro.

'Mae ci 'da fi,' snwffiodd. 'Mae ci . . .'

'Nawr dyw pob ci ddim yn sâl,' meddai Mr Jones. 'Falle mai dim ond un ci sy'n sâl ac mae hwnnw wedi'i ddal nawr. Ond rwy eisie i chi fod yn ofalus iawn ar y ffordd adre. Dim cyffwrdd â chŵn. Ydych chi'n deall?'

Nodiodd pawb.

Roedden ni i gyd yn dawedog iawn wrth fynd 'nôl i'r stafell ddosbarth. Roedd Mrs Richards wedi aros ar ôl yn y neuadd ac fe aethon ni i gyd yn ôl yn syth at ein desgiau, nes i Mari-Ann ddweud:

'Rwy'n gwbod beth sy'n bod ar y ci 'na.'

'Beth?' meddai pawb ar draws ei gilydd.

'Y gynddaredd.'

'Be?'

Roedd llygaid Mari-Ann yn disgleirio. 'Pan fyddwch chi'n mynd ar wylie dros y môr, rŷch chi'n gorfod bod yn ofalus iawn o gŵn, yn enwedig os oes bybls yn dod allan o'u cege nhw. Mae hynny'n golygu bod y gynddaredd arnyn nhw. Os cnoian nhw chi, rhaid i chi gael pigiad neu rŷch chi'n marw.'

'Y!'

Mae ci gan Steff. Ei enw yw Waldo, croes rhwng ci defaid a Jack Russell. Daeth golwg ofidus ar Steff. Gobeithio bod Waldo'n iawn.

Pan ddaeth hi'n ddiwedd y prynhawn, roedd pawb yn cripio allan drwy gât yr ysgol fel petaen nhw'n disgwyl i haid o gŵn ffyrnig garlamu rownd y gornel a'u torri'n ddarnau.

Es i adre gyda Steff. Wrth fynd i fyny llwybr yr ardd fe glywson ni Waldo'n cyfarth wrth y drws ffrynt. Cripiodd y ddau ohonon ni rownd i'r drws cefn, ond drwy'r ffenest fe welson ni Waldo'n rhedeg i gwrdd â ni. Wrth i ni gyrraedd cefn y tŷ, agorodd y drws a rhuthrodd Waldo allan.

'Waw!' gwichiodd Steff.

Roedd y ddau ohonon ni'n syllu ar ei geg. Daeth pen mam Steff i'r golwg ac fe neidiodd hi mewn braw.

'Chlywes i monoch chi'n dod, fechgyn!'

'Mam,' sibrydodd Steff. 'Ydy Waldo'n iawn?'

'Wal?' Edrychodd ei fam yn syn ar y ci. Roedd yn rhaid i ni ddweud wrthi am y ci ffyrnig a'r bybls.

'Ydy,' meddai. 'Mae Waldo'n iawn.' Ac fe fwython ni ben y ci, achos roedd Waldo'n dechrau pwdu am ein bod ni'n gwrthod rhoi croeso iddo fe.

'Dere di, Waldo bach,' meddai Steff. 'Chei di ddim o'r gynddaredd.'

'Y gynddaredd!' gwichiodd ei fam.

'Dŷn ni ddim yn gwbod.' Pwniais i Steff. 'Dŷn ni ddim yn gwbod mai'r gynddaredd oedd ar y ci arall 'na.'

'O?'

Roedd golwg amheus iawn ar fam Steff wrth iddi edrych ar Waldo. Fe adewais i'r tri ohonyn nhw'n llygadu'i gilydd. Efallai y byddai Mam wedi clywed am y ci ffyrnig erbyn hyn ac yn fy nisgwyl i adre.

Wrth gerdded tuag adre fe glywais sŵn traed y tu ôl i fi. Rôn i'n gwybod mai Bethan oedd yno, ond throis i mo 'mhen. Rôn i'n gwybod y byddai hi'n fy nal rywbryd neu'i gilydd, ta beth.

Teimlais law yn gafael yn strapen fy mag wrth i fi droi'r cornel i'n tŷ ni.

'Mei!'

Edrychais i'w hwyneb hi.

'Glywest ti am y ci?'

Nodiais.

'Cael ei wenwyno wnaeth e,' meddai Bethan. 'Betia i di.'

11

Awr yn ddiweddarach fe ddaeth Bethan i'r golwg unwaith eto rownd cornel ein stryd ni â'i phen yn nodio fel pwmp.

Rôn i'n disgwyl amdani ar wal yr ardd. Bob tro y clywn i gi yn cyfarth rôn i'n chwysu—a phawb arall 'run fath. Un 'iap' fach ac roedd pawb yn y stryd yn crebachu yn eu cotiau ac yn prysuro am adre. Roedd sôn am y ci gwyllt wedi lledaenu drwy'r dre.

Dim ond Bethan oedd yn edrych yn sionc â'i llygaid yn disgleirio. Cododd ei bawd arna i, yna fy nharo yn fy ysgwydd â'i dwrn.

'Be?' gwichiais.

'Ci Wil Davies Bryn Morfa oedd y ci gwyllt 'na.'

'O!'

Rôn i'n 'nabod ci Wil Davies, hen greadur bach ffeind, crwn fel twba. Mi fyddwn i'n cwrdd ag e weithiau ar lan yr afon.

Cododd fy mhen fel chwip. Nodiodd Bethan arna i'n gynhyrfus. Roedd hi wedi darllen fy meddyliau.

'Mae'r ci 'na'n byw a bod ar lan yr afon,' meddai. 'Mae e'n mynd gyda Wil i bysgota ac yn cysgu yn ei ymyl. Wedi'i wenwyno mae e, betia i di.'

'Be wnawn ni?' Neidiais ar fy nhraed.

'Rwy'n mynd i ddweud wrth Dad.'

Dilynais i Bethan ar ras ar hyd y llwybr ac i mewn i'r tŷ. Pan fyrstion ni i'r stafell fyw, daeth sŵn rhwygo papur ac fe neidiodd wyneb Jim Morus i'r golwg o'r tu ôl i'r *Western Mail*.

'Diawch, Bethan! 'Drycha be halest ti i fi wneud,' gwaeddodd gan geisio tacluso'r papur yn ei gôl.

'Dad!' Edrychodd Bethan arna i cyn dechrau byrlymu geiriau. Rhwbiodd Jim Morus ei ben fel petai'n boddi yn y sŵn. 'Dad!'

''Rhosa funud.' Cododd Jim ar ei draed. 'Rwyt ti'n dweud bod 'na ddyn yn casglu pysgod marw?'

'Ydw.'

Edrychodd Jim Morus arna i ac fe nodiais innau.

'Chi'n siŵr nad oes pysgod marw ar eich brêns chi'ch dau?' meddai'n ansicr.

'Nac oes,' atebais.

'Mae'r ci 'na wedi'i wenwyno, Dad!' meddai Bethan. 'Rhaid bod rhyw gysylltiad rhwng y pysgod a'r ci.'

'Ie, wel.' Ochneidiodd ei thad. 'Dwy ddim am wneud ffwl ohonof fy hunan.'

''Sdim ots 'da fi,' torrodd Bethan ar ei draws. 'Fe a' i i ddweud wrth yr heddlu.'

'Gwell i fi ddod gyda ti, mae'n debyg.' Estynnodd am allweddi'r car. 'Wyt ti'n dod, Mei?'

Edrychais i o un i'r llall.

'A' i i weld a yw Dad ar ddi-hun.'

''Sdim eisie i ti ddod,' meddai Bethan yn dalog. 'Ffwrdd â ti. Cer.'

Es i 'nôl i'n gardd ni a'u gwylio nhw'n mynd. Canodd Jim Morus y corn ar Mam a oedd yn dod heibio'r cornel.

'W! 'Na sioc ges i pan glywes i'r corn 'na,' meddai Mam wrth ddod drwy'r gât. 'Wyt ti'n iawn, Mei bach?'

'Ydw.'

'Ych-a-fi! Glywest ti am y cŵn 'na?'

'Cŵn?'

61

'Ci Wil Bryn Morfa a rhyw gi sy'n byw i lawr wrth yr harbwr. Maen nhw wedi mynd yn wallgo. Cadwa di draw o gŵn. A ti, Glyn!'

Roedd Dad newydd ddod i'r golwg â'i wyneb yn grychau i gyd ar ôl cysgu.

'Ci i lawr ar bwys yr harbwr?' gofynnodd.

'Ie.' Safodd Mam yn ei hunfan.

'Jiw! Roedd 'na gi yn fy nilyn i rownd y bore 'ma,' meddai Dad. 'A dyna olwg wyllt oedd arno fe. Alle fe ddim cerdded yn syth.'

Gollyngodd Mam ei bag i'r llawr.

'Byddwch chi'n ofalus, chi'ch dau,' meddai gan wthio'i dwylo drwy'n breichiau ni. 'Byddwch chi'n ofalus.'

Roedd hi'n dal i'n rhybuddio ni i fod yn ofalus pan yrrodd Dad a fi i lawr i'r harbwr ar ôl swper.

Roedd yr heddlu wedi galw am wyddonwyr i brofi'r dŵr, meddai Bethan, ar ôl iddi hi a'i thad riportio'r pysgod marw. Fe welson ni'r gwyddonwyr yn cymryd samplau o'r dŵr â'u dwylo'n saff mewn menig plastig. Wedyn fe yrron ni ar hyd y prom. Doedd 'na neb bron yn eistedd ar draeth glân Dad ar waetha'r tywydd braf, ond roedd 'na bobl yn cerdded yn glystyrau gwylia-dwrus ar hyd y prom. Doedd 'na ddim ci ar gyfyl y lle.

Ar ôl cyrraedd adre fe glywson ni fod ci Wil Davies Bryn Morfa wedi marw.

'O!' meddwn i.

Edrychodd Bethan i lawr ei thrwyn arna i, fel petawn i'n gyfrifol am ei farwolaeth.

'Hy!' meddai. 'Falle y credi di nawr.'

Roedd hi ar bigau'r drain eisiau clywed canlyniadau'r profion ar yr afon.

'Fe ddylen nhw ddweud wrtha i,' meddai, 'achos fi ddywedodd wrthyn nhw.'

'Maen nhw'n cymryd amser i brofi, Bethan fach,' meddai'i thad. 'Falle na chlywn ni ddim byd am ddyddie.'

'Wel, mae hynny'n ddwl,' poerodd Bethan. 'Falle bydd dwsinau o gŵn wedi marw erbyn hynny. Ta beth,' ciciodd ei throed yn ffyrnig yn erbyn wal yr ardd, 'rwy'n gwbod am rywun sy wedi cael y canlyniade'n barod.'

'Pwy?' meddai'i thad.

Hoeliais i fy llygaid arni.

'Dyn y pysgod marw,' meddai.

Daeth udo trist o'r pellter i atseinio'i geiriau. Roedd cŵn Porth Main i gyd yn ddiflas dan glo yn eu tai.

'Hm!' meddai Jim Morus gan rwbio'i foch.

'Wel, pam na fydde fe wedi riportio'r mater?' gofynnais.

'Achos mai arno fe mae'r bai fod y dŵr wedi'i wenwyno,' meddai Bethan. 'Mae e wedi gwneud rhywbeth i'r afon.'

Neidiais i ar y wal, sefyll ar flaenau 'nhraed ac ymestyn. Disgleiriai'r haul ar y caeau gwyrddion. Does 'na ddim ffatrïoedd brwnt ar lan ein hafon ni, na thanceri mawr yn poeri olew i'r bae. Does 'na ddim o gwbl ond ffermydd, ffermydd cyffredin ac un fferm bysgod.

'Dad!' meddai Bethan. 'Ewch â ni yn y car lan y dyffryn. O fan'no'n rhywle mae'r pysgotwr yn dod.'

Gwnaeth ei thad sŵn diamynedd yn ei lwnc a rhwbio'i ben yn wylltach fyth.

'Dad!'

'I be?'

'Dim ond i weld a welwn ni rywbeth.'

Gwylltiodd ei thad. 'O, o'r gore,' ysgyrnygodd. 'Ond fydd 'na ddim i'w weld.'

'Wyt ti'n dod, Mei?' Edrychodd Bethan arna i â sialens yn ei llygaid.

Diflannais i'r tŷ i ddweud wrth Mam a Dad a daeth Mam i'r drws a'r clwtyn sychu llestri yn ei llaw.

'OK, Mair?' galwodd Jim.

'Iawn,' meddai Mam.

Dringais i gefn y car ac fe sgrialodd Jim i ffwrdd yn ddrwg ei hwyl.

12.

Dyw'r hewl a'r afon ddim yn ffrindiau mawr yn ein dyffryn ni. Maen nhw'n cadw'n ddigon pell oddi wrth ei gilydd. Welson ni ddim cip o afon Moelan wrth yrru rhwng y cloddiau uchel a Jim yn grwm dros y llyw, yn syllu'n syth o'i flaen fel robot cecrus.

Wedi gyrru am dair milltir fe aethon ni o amgylch y tro uwchben ffatri bysgod Wilson's a tharo llygad ar yr afon am y tro cyntaf ers dechrau'r daith. Disgynnodd troed Jim fel morthwyl ar y brêc, stranciodd y car a bu bron imi â disgyn ar y llawr.

''Co'r afon i ti,' meddai Jim. 'Edrycha arni hi nawr achos mewn munud fe fyddwn ni'n troi oddi wrthi drwy ragor o gloddie.'

Cleciodd gwregys Bethan a chamodd hi allan o'r car. Ar unwaith daeth chwyrnu dwfn a chyfarth o'r lôn o'n blaenau.

'Bethan!' Roedd Jim yn neidio i'w llusgo hi'n ôl i'r car pan glywson ni ffens yn ysgwyd.

'Alsesian sy 'na,' meddai Bethan gan sbecian ar y fferm bysgod. 'Mae e'n ddigon saff. Mae e wedi'i gloi mewn iard.'

Llithrais i allan i sefyll yn ei hymyl. Roedd 'na ffens o gwmpas pyllau dŵr y fferm bysgod ac arni pwysai Alsesian diserch yr olwg a'i glustiau i fyny, yn cyfarth nerth ei geg. Trodd at y sied fawr y tu ôl iddo a'i llygadu fel petai e'n anfon neges at rywun.

'Bydd ddistaw, ti. Mae gyda ni hawl i fod 'ma,' meddai Bethan.

Does neb yn cael dweud wrth Bethan beth i'w wneud, dim hyd yn oed Alsesian. Roedd arwydd 'Llwybr Cyhoeddus' ar ben y lôn ac i ffwrdd â Bethan ar hyd-ddo i gyfeiriad y fferm.

'Drato'r ferch 'na!' chwyrnodd Jim drwy'i ddannedd gan neidio o'r car.

Roedd Bethan eisoes wedi cyrraedd y ffens ac yn herio'r Alsesian drwyn wrth drwyn. Y tu ôl i'r ci safai deg tanc mawr gyda phabell dros dair ohonynt. Dyna lle'r oedd y pysgod bach yn cael eu magu, meddai Jim. Mi fyddwn i wedi hoffi gweld y pysgod, ond doedd arna i ddim chwant cael anadl boeth yr Alsesian yn fy wyneb chwaith.

Doedd dim ots gan Bethan. Roedd hi'n sefyll yn stond yn syllu arno. Brysiais i a Jim i lawr tuag ati.

'Dylen ni rybuddio perchennog y fferm bysgod 'ma,' meddai Bethan cyn gynted ag i ni gyrraedd o fewn

65

clyw. 'Mae'i bysgod e mewn perygl hefyd, achos maen nhw'n defnyddio dŵr o'r afon.'

Tra oedd hi'n siarad fe welais i wyneb wrth ffenest y sied hir. Yr eiliad nesa dyma ferch yn dod tuag aton ni, merch ifanc dal mewn siwt neilon wen a'i gwallt mewn cynffon fel gwallt Bethan.

'Sh, Roy!' Dododd y ferch ei braich am yr Alsesian i'w dawelu, yna trodd aton ni'n serchog. 'Ga i'ch helpu chi?'

'Rôn i eisie'ch rhybuddio chi,' taranodd Bethan fel ergyd o wn. 'Mae 'na nifer o bysgod marw yn afon Moelan ac rŷn ni'n ofni fod 'na wenwyn yn y dŵr.'

Agorodd llygaid y ferch led y pen a syllodd ar Bethan yn syn. Doedd hi dim wedi deall gair, mae'n siŵr.

'Ydy'ch pysgod chi'n iawn?' holodd Jim yn bwyllog gan amneidio ar Bethan i gadw'n ddistaw. 'Rydyn ni wedi gweld ambell bysgodyn marw yn afon Moelan.'

'Ydyn, yn iawn,' meddai'r ferch gan edrych dros ei hysgwydd ar y tanciau. Daeth golwg ansicr i'w hwyneb. 'Rwy newydd fod yn eu bwydo. Leiciech chi ddod draw i'w gweld nhw?'

'Leicien,' meddai Bethan ar unwaith.

Gafaelodd y ferch yn dynn yng ngholer yr Alsesian ac agorodd ddrws yn y ffens i ni. Fe gadwais i'n ddigon pell oddi wrth y ci. Roedd 'na olwg filain ar ei wyneb.

Dilynais y lleill i mewn i un o'r pebyll a doedd dim dwywaith nad oedd y pysgod fan'ny'n fyw. Roedd 'na gannoedd ar gannoedd o eogiaid bach chwim yn gwibio a gwau drwy'r dŵr mewn tanc enfawr. Eglurodd y ferch fod raid eu cadw yn y tywyllwch gan mai ar waelod yr afon y bydd eogiaid bach yn byw.

Roedd y tanciau i gyd yn llawn pysgod heini, iach yr olwg.

'Wel, does dim byd yn bod ar y rhain, ta beth,' meddai Jim.

'Na,' gwenodd y ferch yn falch. 'Ond diolch i chi am y rhybudd 'run fath. Fe siarada i â Mr Wilson, y perchennog.'

Syllai Bethan ar y pysgod heb ddweud gair. Weithiau chwyrnai'r Alsesian yn dawel ac undonog. Doedd 'na ddim sŵn arall i darfu ar dawelwch y dyffryn. Hongiai mantell dywyll y coed pîn dros y bryniau ar bob ochr.

Yn sydyn atseiniodd sblas fach ymhellach i fyny'r afon ac fe welson ni gylchoedd pysgodyn ar y dŵr. Doedd y pysgodyn hwnnw ddim yn farw chwaith. Cododd gên Bethan.

'Ydy Mr Wilson yma?' gofynnodd.

'Ydy, yn ei swyddfa.' Amneidiodd y ferch at y sied hir. 'Mae e ar y ffôn ar hyn o bryd. Mae e'n gweithio mor galed.'

Agorodd ceg Bethan ond cyn iddi fedru gofyn am weld y perchennog, disgynnodd llaw drom Jim ar ei hysgwydd a'i throi at y gât.

'Diolch yn fawr i chi,' meddai Jim wrth y ferch. 'Mae'n flin gyda ni dorri ar eich traws chi, ond diolch am ddangos y pysgod i ni. Dwy 'rioed wedi gweld cymaint o bysgod. Faint o amser mae'r fferm wedi bod 'ma nawr?'

'Dwy flynedd.'

'A phopeth yn mynd yn iawn?'

'Ydy, wir.' Roedd y ferch yn falch o'r cyfle i sôn am Marks & Spencer's a'r siopau mawr eraill oedd yn prynu'r pysgod.

Pan gaeodd y gât o'n holau, cyfarthodd yr Alsesian er mwyn dangos ei fod yn falch o gael gwared arnon ni. Safodd yn ymyl y ferch â'i glustiau i fyny wrth i ni gychwyn i fyny'r lôn.

Roedden ni newydd fynd o'u golwg, pan stopiodd Bethan.

'Dad,' meddai'n frysiog, 'ewch chi'n ôl at y car. Fe gerdda i adre ar hyd yr afon.'

'Na wnei, wir!'

'Dad, os yw'r pysgod 'ma'n iawn, mae hynny'n golygu bod yr afon yn cael ei llygru rhwng fan hyn a'r môr.'

'Neu ddim yn cael ei llygru o gwbl,' meddai Jim yn sych.

'Dad!' hisiodd Bethan gan rolio'i llygaid i gyfeiriad y fferm bysgod. 'Falle mai Mr Wilson sy'n gwenwyno'r afon er mwyn lladd y pysgod a gwerthu'i bysgod ei hun.'

Gwnaeth Jim sŵn dirmygus yn ei lwnc a rhoi hwb iddi at y car.

'Dad!' llefodd Bethan. 'Rŷch chi'n waeth estrys na Mei!'

'Rwyt ti newydd ddweud bod y fferm yn defnyddio dŵr o'r afon!' bloeddiodd Jim. 'Fi'n estrys, wir! Ti sy'n gwcw ddwl.'

Roedd yr Alsesian yn cytuno. O'r tu ôl i ni dôi sŵn ei chwyrnu dwfn.

Dilynodd y chwyrnu fi i'r gwely a 'neffro i'n sydyn wrth i'r wawr dorri. Nid ci oedd yno ond Dad yn bacio'r car i'r hewl. Clywais sŵn traed Mam yn esgyn i'r llofft. Wedi bod yn siarsio Dad i gadw 'mhell oddi

68

wrth gŵn rheibus ar y traeth oedd hi, siŵr o fod, fel y noson cynt. Gwichiodd sbrings ei gwely a dal i wichian am ychydig cyn tawelu.

Agorais fy ffenest yn ddistaw bach a gwthio 'nhrwyn allan.

'Mei!' Daeth sŵn fel hisian neidr a dyna lle'r oedd Bethan â'i thrwyn hithau allan drwy'r ffenest. 'Car heddlu wedi mynd heibio.'

'Be?'

Nodiodd Bethan tuag at y llwybr cyhoeddus. Wrth y gamfa gwasgai car gwyn yn dynn at y clawdd a symudai dau blismon fel cysgodion heibio i'r gwartheg cysglyd.

'Maen nhw ar ei ôl e.'

'Y dyn pysgod marw?'

'Ie.' Safodd Bethan ar flaenau'i thraed. 'Gobeithio bod ganddyn nhw'r synnwyr i guddio, neu ddalan nhw byth mohono fe. O leia maen nhw'n fy nghymryd i o ddifri, nid fel Dad.'

Chwaraeodd diwn diamynedd â'i bysedd ar sil y ffenest. Roedd y ddau blismon yn sefyll fel dau bostyn ar lan yr afon.

'Rwy'n mynd draw i ddweud wrthyn nhw i gadw o'r golwg.'

'Bethan!' hisiais wrth i'w phen ddiflannu. 'Alla i ddim dod. Bydde Mam yn grac.'

'Hy!' oedd yr unig ateb.

Crynais yn awel fain y bore. Roedd ffenest Bethan yn dal ar agor, ond chlywn i ddim sŵn o gwbl o'r tu mewn. Cefais dipyn o sioc pan welais i hi'n llithro drwy'r drws ffrynt ac yn ei gau yn dawel dawel ar ei hôl.

Chododd hi mo'i phen. Gwyliais hi'n mynd i gyfeiriad y llwybr cyhoeddus yn ei chrys-T a'i legins duon. Neidiais yn ôl i'r gwely a thynnu'r dillad dros fy mhen.

'Mei!' Dihunodd Mam ar unwaith.

'Ie?'

'Wyt ti'n iawn?'

'Ydw.' Ond roedd fy nannedd i'n rhincian a fedrwn i ddim cysgu.

Cododd Mam hefyd yn gynt na'r arfer, tua hanner awr wedi saith, ac fe gripion ni'n dau i lawr i'r gegin i gael brecwast.

'Dim tôst bore 'ma, Mam,' sibrydais wrth gloi fy nwylo am fy nghwpan te.

'Pam? Wyt ti'n teimlo'n sâl?' meddai Mam ar un gwynt.

'Na.' Yna dros ei hysgwydd fe welais i Bethan yn sleifio'n ôl i'r tŷ drws nesa fel llysywen fawr ddu. Newidiais fy meddwl a chael tôst wedi'r cyfan.

'Bethan!'

Stopiodd hi ddim er i fi'i herlid hi i lawr y stryd a'm bag ysgol yn clecian ar fy ysgwydd. Plymiodd i ganol grŵp o'i ffrindiau ar gornel y Stryd Fawr a dyna fi wedi'i cholli.

'Mei!'

Pwy oedd yn codi'i law arna i o'r tu allan i siop y Co-op ond Dad yn ei ddillad gwaith melyn. Brysiodd tuag ata i â phecyn dan ei gesail.

'Wedi bod lan yn y garej yn nôl litr o olew.'

'Trwbwl?'

'Na. 'Rhen Jymbo'n peswch, dyna i gyd.'

Dododd ei law ar fy ysgwydd cyn cofio mor frwnt oedd hi. Tynnodd hi i ffwrdd yn sydyn.

'Ydych chi wedi gweld rhagor o gŵn, Dad?'

'Nadw, 'achan. Does 'na ddim argoel bod gwenwyn yn yr afon chwaith, o leia . . .'

'Be?'

'Wel, oes mae 'na argoel, mae'n debyg. 'Sdim un afon yn lân y dyddie 'ma, ti'n gweld. Mae 'na wastad ryw *nitrates* yn golchi i'r afon o'r gwrtaith mae'r ffermwyr yn ei roi ar eu tir. Ond does dim i boeni amdano.'

Mwydais yr wybodaeth yn fy mhen.

'Pwy ddwedodd?' gofynnais o'r diwedd.

'Bleddyn. Y sarjant. Rwyt ti'n ei 'nabod e. Bleddyn Puw.'

'O?'

Rôn i a Dad yn cerdded ochr yn ochr ar hyd y prom a'r môr yn las fel *Jeyes Fluid*. Roedd y traeth wedi cael bath ac yn sychu yn yr haul.

'Pam oedd y plismyn i lawr wrth yr afon bore 'ma 'te?' gofynnais.

'Fe aethon nhw i chwilio am y dyn pysgod marw,' chwarddodd Dad, 'ond doedd dim sôn am hwnnw chwaith. Dyna i ti Bethan eto, Bethan a'i storïau.'

Roddodd e mo'r bai arna i am ddechrau'r stori. Mae pawb yn gwybod am ddychymyg Bethan—ac mae hi bedair blynedd yn hŷn na fi.

'Fe aeth hi i lawr i'r afon at y plismyn,' meddai Dad, 'ond fe ddwedodd Bleddyn wrthi nad oedd dim i boeni amdano. Mae'n siŵr mai pysgotwr cyffredin oedd y dyn welodd hi.'

'O,' ebychais. Doedd dim rhyfedd felly fod Bethan wedi gwrthod aros amdana i ar y ffordd i'r ysgol.

Roedd hi'n gas gan Bethan fod yn anghywir.

13.

'Ond dydw i ddim yn anghywir!' gwaeddodd arna i pan gyrhaeddais i adre. 'Fe welest tithe'r dyn pysgod marw. A does 'na ddim un pysgotwr cyffredin yn dod i'r afon heb enwair ac yn codi pysgod marw, oes e?'

Roedd Bethan yn disgwyl amdana i â'i llygaid yn fflachio ac yn fy hoelio i'r wal. Roedd hi wedi bod yn berwi drwy'r dydd, mae'n rhaid.

Codais fy ysgwyddau'n anghysurus.

'Ond fe welest ti e!' ysgyrnygodd Bethan.

'Do, ond . . . '

'Ond be?'

'Wel, fe alle fe fod yn mynd â'r pysgod 'nôl i'r gath. Neu fe alle fe fod wedi'u goglais nhw, fel dwedodd Steff. Ta beth . . . ' Rôn i'n siarad ar ruthr gwyllt ac yn codi fy llais rhag ofn iddi dorri ar fy nhraws. 'Ta beth, does dim byd yn bod ar yr afon. Maen nhw wedi dweud . . . '

'Dyw hi ddim yn lân.'

'Ond dyw hi ddim wedi'i gwenwyno.'

'Falle'i bod hi.'

'O, Bethan!'

'Falle'i bod hi wedi cael ei gwenwyno rai diwrnode'n ôl, ond nawr mae'r gwenwyn wedi llifo i'r môr.' Goleuodd ei llygaid. 'Ie, 'na ti!'

Syllais arni'n surbwch.

''Na ti! Fe lifodd rhyw stwff i'r afon a . . .'

'Ond fe fydde rhywun wedi sylwi,' chwyrnais.

'Fe sylwon ni.'

Roedd ei llygaid hi'n tasgu gwreichion fel tân gwyllt.

'Ond mae popeth yn iawn nawr,' meddwn i mewn llais bach.

'Nac ydy!' Chwipiodd gwallt Bethan o gwmpas ei phen. 'Ti'n 'nabod Jane, fy ffrind?'

'Jane Slack?'

'Doedd hi ddim yn yr ysgol heddi. Mae'i chi hi wedi marw.'

'O!' Llyncais yn sydyn. Roedd Rowland, brawd Jane, yn ein hysgol ni llynedd. Roedd ganddyn nhw gi mawr gwyn fel arth.

'Ti'n gweld!' meddai Bethan. 'Mae llygru'r dŵr yn drosedd, ond rwy'n siŵr bod ceisio cuddio hynny'n waeth byth.'

'Dwyt ti ddim yn gwbod.'

'Ydw! A betia i di y bydd pawb yn gwbod cyn hir, ond erbyn hynny fe fydd hi'n rhy hwyr. Erbyn iddyn nhw ddarganfod mai dŵr yr afon sy'n lladd y cŵn fe fydd hi'n rhy hwyr. Mae'n rhaid i ni wneud rhywbeth NAWR!'

Trodd ei phen. Roedd car ei thad yn troi cornel y stryd. Camodd Jim Morus allan a golwg ffyrnig ar ei wyneb.

'Dad!' Sbonciodd Bethan ato a gwthio'i braich i'w fraich.

'Dim rhagor am bysgod marw, reit?' rhuodd ei thad cyn iddi ddweud gair ymhellach. 'Unrhyw beth—ond dim pysgod marw.'

Crynodd ysgwyddau Bethan ac edrychodd yn sarrug o dan ei haeliau.

'O, o'r gore, ond arnoch chi mae'r bai.'

'Arna i? A thithe'n siarad dwli ar hyd y dre ac yn fy llusgo i i mewn i'r busnes? Arna i mae'r bai!' A dyma fe'n gwthio'i ferch o'i flaen i mewn i'r tŷ.

'Mei!' gwaeddodd Bethan arna i wrth i'r drws gau.

Ac yna bu distawrwydd.

Roedd Mam newydd gyrraedd adre, newydd sbecian ar Dad yn cysgu'n braf, ac yn sefyll yn y gegin yn tynnu'i dwylo drwy'i gwallt.

'Shw ma'i, Mei bach?' meddai'n floesg.

'Iawn.' Craffais arni.

Ochneidiodd a thaflu'i braich am fy ysgwydd.

'Hen fyd rhyfedd yw hwn, ontefe?'

Es i'n oer drwof.

'Pan es i i'r gwaith bore 'ma, roedd ci Gwyneth Slack wedi marw. Un funud roedd e'n iawn a'r funud nesa roedd e'n crynu ac yn methu cael ei anadl ac wedyn . . .' Cododd ei haeliau'n synfyfyriol.

Rôn i wedi clywed am gi'r Slacks, felly doedd hynny ddim yn sioc i fi. Anadlais yn ddwfn.

'Mae rhyw salwch o gwmpas y lle,' meddai Mam gan fy ngollwng i. 'Duw a ŵyr beth fydd yn ein taro ni nesa. Mae'n gwneud i ti feddwl ein bod ni'n esgeulus iawn o'r hen fyd 'ma, on'd yw e?'

Peth od yw clywed Mam yn siarad fel Bethan.

'Ond be allwn ni wneud, Mam?' llefais.

'Wn i ddim.' Yna sioncodd. 'Wel, mae Dad yn gwneud rhywbeth, on'd yw e?'

Aeth Mam i estyn y llestri ac fe es innau i eistedd yn

y stafell fyw i wylio wyneb llaith Dad yn cysgu. Rhedai craith las ar hyd cefn ei law dde. Roedd Dad yn cael creithiau nawr, fel pob dyn sy'n gweithio â'i ddwylo.

'Rwy'n becso am dy dad weithie,' meddai Mam gan ddod i sefyll y tu ôl i fi. 'A meddwl ei fod e'n ymhél â'r holl fudredd 'na.'

Bob tro mae rhywun yn sôn am fudredd, rwy'n clywed arogl pysgod marw. Codais a mynd allan.

Roedd drws ffrynt drws nesa'n cau'n glep. Safai Bethan fel taran ar lwybr yr ardd.

'Bethan!'

Trodd a gwgu arna i.

'Ti'n gwbod . . .'

'Na, dwy'n gwbod dim! Mae Dad yn pallu gadael i fi wbod dim.' Roedd sŵn crio yn ei llais. Trawodd ei llaw'n galed ar bolyn y ffens. 'Aw!' llefodd.

'Bethan. Ti'n gwbod y pwll methan?'

'Hm?' Gwibiodd ei llygaid.

'Roedd 'na bysgod marw fan'ny, meddet ti. Mae hi wedi bod yn sych y dyddie diwetha 'ma, felly fydd yr afon ddim yn llifo i'r pwll. Os oedd gwenwyn yn y pwll, mi fydde fe yno o hyd. Mi fydde fe wedi cronni yn y pwll.'

Symudodd Bethan ddim gewyn. Yna:

'Mei!'

'Ie?'

'MEI!' Plygodd ei hwyneb tuag ataf dros y ffens. 'Cer i moyn peth o'r dŵr, wnei di?'

'Fi?'

'Alla i ddim mynd!' llefodd Bethan gan ysgwyd y polyn ffens. 'Alla i ddim mynd. Mae Dad wedi fy rhwystro i. Cha i ddim gadael yr ardd.'

Rhythais arni'n syn.

'Mei, plîs!'

Unrhyw adeg arall fe fyddwn i wedi chwerthin wrth weld Bethan wedi'i chau yn yr ardd fel babi. Ond doedd hwn ddim yn amser i chwerthin. Es at y drws cefn ar unwaith a chipio potel goffi o'r bocs lle mae Mam yn cadw hen boteli i'w hailgylchu. Roedd Bethan yn dal wrth y ffens ffrynt. Pwysodd drosti i 'ngwylio i'n cerdded i lawr y stryd.

Wedi i fi fynd o'i golwg, dechreuais redeg. Ymestynnai'r borfa hir o'r clawdd a'm chwipio. Symudodd buwch o'm ffordd a dianc â'i chynffon yn chwyrlïo. Rholiais dros y gamfa bella i'r graean ac anelu draw at y bompren heb aros i gael fy ngwynt.

Doedd neb yn pysgota.

Gadewais y llwybr a'r cen cerrig yn crensian dan fy nhraed. Gorweddai'r chwys fel niwl o flaen fy llygaid. Sgubais e i ffwrdd, a chraffais i gyfeiriad y pwll. Roedd y pwll wedi mynd!

Dŵr, pysgod, popeth yn diflannu! Syllais am yr eildro a gweld bod y pwll yno wedi'r cyfan. Gorweddai o dan haenen o lysnafedd a ymestynnai'n garped gwyrdd llachar dros ei wyneb.

Ych! Doedd gen i ddim menig rwber.

Agorais y botel a'i phlymio i'r dŵr. Daliwn i hi â blaen fy mysedd a bu bron i fi ei gollwng wrth i'r dŵr ei llenwi. Cyffyrddodd fy mysedd â rhywbeth oer meddal fel pysgodyn marw. Plyciais y botel o'r dŵr a'i chau ar ras. Llifai haenen lysnafeddog dros ei hymyl a diferu dros fy nillad.

Wrth i fi gau'r botel clywais sŵn grug yn plygu. Roedd pysgotwr yn cerdded tuag ataf, pysgotwr heb enwair. Codais ar fy nhraed a rhedeg am fy mywyd tua'r llwybr.

Teimlwn gysgod poeth yn fy nilyn, yn fy nal. Gwaeddais. Ond pan edrychais i'n ôl roedd y pysgotwr yn sefyll yn stond ar y bompren.

14.

Roedd Bethan wedi mentro i'r ffordd ac yn fy ngwylio'n rhedeg tuag ati a'r botel yn fy llaw.

'Bethan!' crawciais yn wyllt. 'Mae e 'na. Y dyn pysgod marw!'

'Iesgyrn!' Trawodd Bethan ei dwrn i'w llaw. Taflodd olwg brysiog i gyfeiriad ei chartre, yna i ffwrdd â hi nerth ei thraed tua'r afon.

Gwthiais y botel i'r clawdd a'i dilyn ar goesau rwber. Roedd hi wedi dianc o'm golwg ymhell cyn i fi gyrraedd y llwybr, ond wrth i fi agosáu at y gamfa, gwgodd ei hwyneb coch arnaf rhwng y barrau.

'Ble mae e?' hisiodd.

Disgynnais ar fy ngliniau wrth ei thraed a syllu drwy'r cwmwl chwys ar ddyffryn Moelan. Tinciai'r afon yn fetelaidd dros y graean a'i sŵn yn cau amdana i fel llen. Sŵn oer. Sŵn afon wedi'i gwenwyno?

'Ble mae e?' sibrydodd Bethan yn fy nghlust.

Roedd y pysgotwr pysgod marw wedi diflannu.

'Roedd e'n . . . dod at y pwll!' Llyncais.

'Dere, Mei,' meddai Bethan yn dawel.

I lawr ar y graean llwyd lle mae'r cen cerrig yn malu'n llwch o dan draed, roedd hi'n hawdd hawdd credu mewn gwenwyn a physgod marw. Dilynais

77

Bethan fel cysgod nes cyrraedd y pwll. Camodd Bethan ar y bompren a 'ngadael ar y lan yn syllu i'r dŵr brown â'r rhimyn gwyrdd llidiog yn glynu wrth ei ymylon.

'Bethan!' ebychais. 'Gynnau roedd 'na lysnafedd gwyrdd dros y dŵr i gyd. Mae e wedi mynd.'

'Fel y pysgod marw.' Disgynnodd Bethan yn ei chwrcwd ar y bompren. 'Edrych.'

Ar bren y bompren gorweddai dwy linell werdd igam-ogam yn sychu yn y gwynt. Gwasgodd Bethan ei bys arnynt.

'Llysnafedd!' meddai. 'Mae rhywun wedi cerdded fan hyn yn ddiweddar mewn welingtons.' Syllodd i'm llygaid cyn ymestyn a chraffu'n bwyllog ar hyd y dyffryn. 'Mei!' Swniai ei llais yn bell i ffwrdd. 'Rwy'n mynd i fyny'r afon.'

'A fi.'

Fflachiodd gwên dros ei hwyneb. Roedd hi'n falch ohona i. Doedd hi ddim am roi'r bai arna i am redeg i ffwrdd oddi wrth y dyn pysgod marw. Cyffyrddodd fy ysgwydd â'i llaw cyn troi at y bryniau.

Eisteddai 'nghalon yn fy ngwddw a theimlwn bigiadau dros fy nghorff i gyd. Roedd fy nwylo'n llosgi. Llifodd llwyn o goed helyg yn sydyn at yr afon a'n gwthio i'r dŵr. Ar y lan bella gorweddai pwll dwfn marw wrth odre'r graig a chysgodion bygythiol yn ei waelodion.

Cyn gynted ag i ni ddringo'n ôl i'r lan, gwthiodd Bethan ei bysedd i'm braich a'm dal yn sownd.

'Edrych,' meddai'n floesg.

Ar y cerrig ar lan yr afon gorweddai llwybr o gylchoedd llwydion.

'Ôl traed,' meddai Bethan.

Anadlais yn swnllyd. Diflanasai'r coed ac yn y pellter llifai to car yn belen arian ar hyd yr hewl fawr. Udodd ci'n groesawgar dros y caeau. Trois i a Bethan i gyfeiriad y sŵn a gwelsom do sied Wilson's yn llechu y tu ôl i'r cloddiau. Stopiodd y ci gyfarth ac edrychodd Bethan ar ei wats.

'Pum munud wedi chwech,' meddai. 'Pwy sy'n gweithio'n hwyr yn fferm Wilson's tybed?'

'Allwn ni ddim mynd yn agos o achos y ci,' meddwn i.

Yn fy ymyl anadlai Bethan fel peiriant yn magu egni. Disgynnodd ei llygaid arnaf ac rôn i'n gwybod beth oedd hi'n mynd i'w ddweud cyn iddi agor ei cheg.

'Mae 'na ddau ohonon ni,' meddai.

Nodiais.

'Os ei di i fyny'r llwybr cyhoeddus i dynnu sylw'r ci . . .'

'O!'

' . . . mi a' inne i edrych a wela i'r pysgotwr. Iawn?' Gwasgodd ei bysedd i'm hysgwydd a chilio'n ôl at yr afon. Ces gip arni'n gorwedd yn y clawdd fel gwlithen fawr ddu, yna roeddwn i ar fy mhen fy hun a'r dyffryn yn tyfu'n wastadedd eang o'm cwmpas.

Anelais at y llwybr cyhoeddus, ond ymhell cyn i fi ei gyrraedd gwelwn ffenest sied Wilson's yn codi dros y clawdd fel llygad fawr dywyll. Plygais fy mhen a rhuthro dros y cae gwastad ar lan yr afon at gysgod y cloddiau. Cyn plymio i dwnnel y lôn, oedais am foment i edrych am Bethan, ond doedd dim sôn amdani.

Treiddiai grwnan undonog drwy'r awyr. Wrth i mi

droedio'n ofalus ar hyd y llwybr cysgodol, newidiodd y sŵn. Ffrwydrodd cyfarth Alsesian o gyfeiriad fferm Wilson's ac ysgytwyd y ffens o'i hamgylch. Gafaelais yn y borfa hir a sefyll yn stond yn y clawdd a'm hewinedd yn gwasgu i gledr fy llaw. Rôn i fel abwyd. Ond o leia roedd yr Alsesian y tu ôl i'r ffens. Rôn i'n ddiogel a thra tynnwn i sylw'r ci, roedd Bethan yn ddiogel hefyd.

Sychais fy wyneb a cheisio cerdded yn fy mlaen yn ddihitio i fyny'r lôn. Clywn y ffens yn atsain fel gwydr yn malu. Trodd y lôn i'r chwith a daeth fferm Wilson's i'r golwg. Roedd yr Alsesian yno'n disgwyl amdanaf. Neidiodd ar ei ddwy goes ôl, ymestynnodd ei gorff hir a chrafangodd y ffens â'i bawennau blaen. Edrychai fel ci mewn cartŵn sy'n medru agor drysau, ond doedd bosib . . .

Agorodd y drws fymryn, yna cau'n glep. Agorodd eto. Gwthiai'r anghenfil ei bawen drwy'r agen. Teflais fy hunan i'r clawdd. Clywn sgathru traed yr Alsesian ar y llwybr. Roedd e'n rhuthro amdana i a'r clawdd yn cau fel drws yn fy erbyn. Sgrechiais mewn braw.

Boddwyd y sgrech gan anadl boeth yr Alsesian. Neidiodd ar fy nghefn a 'nhaflu i'r llawr. Chwyrnai yn fy nghlust a diferai ei boer ar fy moch.

Sgrechiais.

Cyfarthodd yr Alsesian. Teflais fy nwylo dros fy wyneb a chaeodd ei ddannedd melyn am lawes fy nghrys-T. Teimlais nhw'n brathu'r cnawd.

'A!'

Roedd sŵn traed yn rhuthro i lawr y llwybr.

'Bethan!' llefais. 'Beth . . .!'

Ond llais dyn waeddodd uwch fy mhen.

'ROY!'

Trodd yr Alsesian, ei gynffon yn chwipio a'i bawennau blaen yn gwasgu i 'nghefn.

'ROY!' rhuodd y dyn, a gyda chwyrniad fel chwerthin yn ei wddw, neidiodd y ci yn ei ôl.

Stryffaglais ar fy eistedd. O flaen fy llygaid fflachiai llun ci Wil Davies, Bryn Morfa, ci â bybls yn dod o'i geg, lluniau pobl yn marw.

'Wyt ti'n iawn?' ebychodd y dyn.

'Mae e wedi 'nghnoi i!' llefais.

'Ble?'

'A . . . ar fy mraich.'

Llithrodd bysedd y dyn dros fy mraich a saethodd poen ar hyd-ddi. Tagais a rhythu arno mewn braw.

'Dyw e ddim wedi torri'r croen,' meddai'r dyn yn dawel.

'Na?'

Codais lawes fy nghrys-T a rhythu ar y fraich. Doedd 'na ddim ôl, dim ond man bach poenus a allai droi'n glais. Gwenodd y dyn arna i.

'Mae'n ddrwg gen i fod Roy wedi codi ofn arnat ti,' meddai. 'Beth yw d'enw di?'

'M . . . Meirion Brown.'

Dechreuais deimlo'n dwp, fy nghoesau fel jeli, a hyd yn oed y ci yn chwerthin am fy mhen. Safai wrth y clawdd ddeg metr i ffwrdd, ei geg ar agor, gwên lydan ar ei wyneb, dirmyg yn ei lygaid a'i gynffon yn siglo'n hamddenol. Gwyliai'r dyn fi'r un mor hamddenol, dyn canol-oed mewn siwt daclus a golwg dyn swyddfa arno. Mr Wilson, mae'n debyg. Cyn pen chwinciad roedd e'n fy arwain at ei gar ac yn fy rhoi i eistedd ynddo fel claf.

81

Car glân, moethus, heb arlliw o arogl pysgod. Car mor wahanol i'n car ni. Teimlwn fy nghorff yn meddalu wrth suddo i ddyfnder y sedd. Ond yna'n sydyn cododd wyneb Bethan o'm blaen. Hongianodd am foment fel drychiolaeth yn ffenest sied Wilson.

Roedd Mr Wilson wedi mynd â Roy i'w gloi yn yr iard. Sbeciais dros fy ysgwydd a'm ceg yn sych. Safai'r ddau'n stond yn syllu at ddrws y sied. Codai sŵn bygythiol o wddw'r ci a gafaelai'r dyn yn dynn yn ei goler.

'Sa'n dawel, Roy bach,' sibrydodd Mr Wilson. 'Does dim yna. Eistedd, Roy.'

Eisteddodd y ci yn anfodlon. A'm calon yn curo fel gordd gwyliais Mr Wilson yn croesi at ddrws y sied ac yn ei gloi. Bolltiodd y drws yn y ffens a daeth yn ôl at y car.

'Iawn?' gofynnodd, wrth ddringo i'r sedd yn fy ymyl. 'Ydw,' sibrydais.

Chwyrnodd yr injan a symudodd y car yn ofalus ar hyd y lôn. Roeddem ni'n gyrru i ffwrdd gan adael Bethan ar ôl . . . yn garcharor.

15.

Rôn i'n dal i anadlu â'm ceg ar agor fel pysgodyn pan gyrhaeddon ni ein tŷ ni. Mynnodd Mr Wilson fynd a fi at y drws a chael gair â Mam a Dad am y brathiad.

'Mei, beth yn y byd oeddet ti'n wneud lan ffor'na?' ffrwydrodd Mam ar ôl clywed y stori.

'Lwcus eich bod chi'n dal i fod yno, Mr Wilson,' meddai Dad, gan edrych arna i yn gyhuddgar.

'Rôn i ar fy ffordd adre. Rwy ar fy ffordd adre nawr,' meddai Mr Wilson. 'Ond cofiwch, dychryn pobl mae Roy, nid eu cnoi nhw.' Gwenodd arna i a gwrthododd gynnig o gwpanaid o de gan Mam. Dilynodd Dad e at y gât gan ymddiheuro.

Wedi i Mr Wilson yrru i ffwrdd i gyfeiriad y dre, daeth Dad yn ei ôl.

'Doedd dim eisie i chi ymddiheuro, Dad,' crawciais. 'Rôn i ar y llwybr cyhoeddus. Roedd gen i . . .'

'Ble mae Bethan?' cyfarthodd Dad.

Cochais at fy nghlustiau. Daeth wyneb Jim Morus i'r golwg dros y ffens ac roedd e bron cyn goched â fi. Safodd Jim a Mam a Dad o'm cwmpas yn syllu arna i.

'Ble mae Bethan?' chwyrnodd Jim.

'Mae hi . . . ar lan yr afon.'

Gwyliais Jim yn martsio i ffwrdd i lawr yr hewl a'i benelinoedd yn symud fel rhwyfau. Pan gyrhaeddodd e gornel y stryd, fe wyddwn fod raid i fi fynd ar ei ôl. Roedd raid i fi gyfaddef bod Bethan yn sied Wilson's. Ond cyn i fi fedru camu dros garreg y drws, roedd Mam yn cydio yn fy mraich.

'Mei,' meddai'n gyflym. 'Mae Dad am fynd â ti i Adran Ddamweiniau'r ysbyty i ti gael pigiad o achos y brathiad 'na.'

'Does dim eisie, Mam!' llefais.

'Chei di ddim dolur.'

Doedd Mam ddim yn deall. Dôn i'n hidio dim am y bigiad, ond roedd fy stumog yn gylymau poenus o achos Bethan.

'Ffonia'r ysbyty'n gynta,' meddai Dad wrthi, 'er mwyn iddyn nhw gael paratoi amdanon ni.' Llamodd i fyny'r grisiau ac aeth Mam at y ffôn.

Chlywson nhw mohona i'n mynd. Roedd drws y garej ar agor a phwysai 'meic yn erbyn y wal. Suodd ar draws y lawnt, neidiais ar ei gefn a phedlo fel y gwynt i lawr yr hewl. Roedd Jim wedi hen ddiflannu. Doedd dim amdani ond mynd i fferm Wilson's ar fy mhen fy hunan.

Chwyrnai ambell gar heibio. Rôn i'n falch o'u clywed ac i deimlo bod gen i gwmni. Teimlai 'nghorff fel clwtyn llestri a dychmygwn fod gwenwyn y ci cynddeiriog yn byrlymu drwy fy ngwaed. Roedd fferm Wilson's fel petai'n rhuthro i 'nghwrdd. Rhois dro i'r llyw a gwibiais i lawr y lôn.

Aeth yr Alsesian o'i go. Neidiai at y ffens gan gyfarth nerth esgyrn ei ben, ond y tro hwn roedd y drws yn y ffens yn sownd.

'Bethan!' gwaeddais. 'Bethan!'

Dim ateb. Oedd hi'n gorwedd yn hanner marw rywle tu draw i'r sied? Rhedais o'r ffens a phlymio i gysgod y lôn. Dringais i'r clawdd yn ymyl talcen y sied a thynnu fy nghorff drwy'r brigau. Roedd to'r sied reit yn ymyl a'r Alsesian yn methu â 'nghyrraedd. Camais i'r gwagle. Am foment hongiwn yno fel pyped, yna, a'r gangen yn gwegian, plennais fy nhroed yn y cafn a hyrddio fy hun at y to sinc.

Cleciodd y to odanaf a llamodd yr Alsesian yn wyllt wrth odre'r wal. Crafangais am grib y to a llusgo ato ar fy mol. O ben y to gwelais gar Mr Wilson.

Rhaid 'mod i wedi'i basio gan metr yn ôl heb ei weld. Ar y tro cyn cyrraedd y fferm mae 'na hen chwarel fechan fach a choed yn tyfu drosti. Yng nghysgod y coed safai'r car mawr moethus. Rhaid bod Mr Wilson wedi dod yn ôl i'r fferm.

Trois fy mhen fel chwip. Ble'r oedd e? Rhedai'r chwys fel afon i lawr fy nghorff. Doedd 'na neb yn symud, dim ond gwylanod yn cylchdroi uwchben y graean ar lan afon Moelan. Ble'r oedd Mr Wilson?

Daeth siffrwd traed o dalcen y sied. Neidiodd yr Alsesian ataf a'i ewinedd yn crafu gwydr y ffenest odanaf. Neidiodd am yr eildro a daeth dwndwr casgenni o'r iard islaw. Gwichiodd y ci a rholio'n goesau i gyd rhwng dwy gasgen goch dolciog a *Nuvan 500* wedi'i stampio ar eu hochrau. Yng ngheg pob casgen roedd twll crwn du. Neidiodd y ci o'u ffordd gan udo'n dorcalonnus a dihangodd yn ôl at y ffens.

Llithrais i lawr y to a phlygu dros y cafn i edrych i mewn i'r sied. Doedd yno ddim ond storws a swyddfa. Dim Bethan. Dim Mr Wilson.

Chwyrnodd yr Alsesian. Disgwyliwn ei weld yn llamu'n ôl rownd y gornel, ond clywn y ffens yn tincial yn ddistaw bach fel pe bai'n gwasgu'i drwyn yn ei herbyn. Nid arna i oedd e'n chwyrnu ond ar rywun yn y lôn y tu draw i'r clawdd! Stopiodd y chwyrnu a chlywais ei gynffon yn chwipio'r ffens.

Rholiais i lawr i'r iard.

Daliai'r ffens i dincial.

Rhedais am fy mywyd heibio i'r pebyll pysgod. Rhuai'r gwynt yn fy nghlustiau ac o'm blaen codai clwstwr o wylanod gan grawcian yn hyll.

Cyrhaeddais y clawdd ger yr afon. Rôn i'n fyw. Doedd dim sôn am y ci. Plymiais dros y clawdd a disgyn yn fy hyd ger pentwr o bysgod marw.

'Y!'

Rôn i ar fy nhraed mewn chwinciad a gwynt y

pysgod marw yn fy nhrwyn. Chwyrlïai'r gwylanod yn gwmwl gwyn uwch fy mhen.

'Ewch!' hisiais arnynt. 'Peidiwch bwyta'r hen bysgod 'ma.'

Ond dal i hofran wnâi'r gwylanod. Plygais a thurio fel daeargi yn y graean nes claddu'r pysgod aflan.

Crawciodd y gwylanod yn wylofus a throi am y môr. Rhedais ar eu holau dros y caeau, nes cyrraedd y man lle mae'r afon yn torri drwy'r graig. Neidiais i'r dŵr bas a disgyn ar fy ngliniau o flaen Jim Morus a oedd newydd ddod i'r golwg heibio i'r graig. Agorodd ei lygaid led y pen. Tasgodd ton o ddŵr dros fy nghoesau wrth iddo ruthro ata i.

'Meirion!' chwyrnodd. 'Be sy'n digwydd? A ble mae Bethan?'

16.

Unwaith eto rôn i'n rhedeg at fferm Wilson's, ond y tro yma taranai Jim o'm blaen. Petai Mr Wilson wedi dod i gwrdd ag e, mae'n siŵr y byddai wedi'i daflu i'r llawr a'i ddamsang dan draed heb sylweddoli ei fod yno. Y tu ôl i'r cloddiau roedd yr Alsesian yn cyfarth nes ei fod e'n gryg.

Tasgodd Jim o'r lôn. Clywais ebychiad. Rhuthrais ar ei ôl a gweld Mam yn syllu'n gegrwth arna i a'i dwylo ar garn fy meic. Syrthiodd y beic o'i llaw.

'BETHAN!' rhuodd Jim nes bod y dyffryn yn diasbedain.

'Be sy?' sibrydodd Mam.

'M . . . mae car Mr Wilson lan yn y chwarel,' tagais.

Plymiodd Jim i fyny'r lôn.

'M . . . mae Bethan ar goll, Mam!' llefais. 'Mae hi i mewn fan'na'n rhywle.'

Cododd gweflau'r Alsesian dros ei ddannedd melyn. Os oedd Bethan y tu draw i'r ffens, doedd e ddim am i ni fynd ati. Roedd Jim yn dod yn ei ôl yn wyllt yr olwg.

''Sdim car yn y chwarel,' gwaeddodd. 'Mair, cer am help. Cer ar unwaith!'

Roedd Mam wedi parcio'n car ni hanner y ffordd i fyny'r lôn. Neidiodd i mewn iddo heb yngan gair a sgrialu'n ôl i'r hewl nes bod y teiars yn llosgi. Cydiodd Jim yn y ffens a neidiodd yr Alsesian am ei fysedd.

'Cythrel!'

Gall tawelwch fod mor ddychrynllyd â sŵn. Roedd fferm Wilson's yn dawel fel y bedd.

'Rwy wedi edrych drwy ffenest y sied,' crawciais wrth Jim. 'A doedd dim i'w weld.'

Rhythai Jim ar y pebyll tywyll o'n blaenau â'i wyneb fel lliain.

'Gobeithio . . . nad yw hi ddim wedi cwympo i'r tanciau dŵr,' mwmiodd.

Wedi ei thaflu i'r dŵr roedd e'n ei feddwl.

'O'r afon y daeth y person glywes i ar y llwybr,' tagais.

'Fe ddilynes i'r afon,' meddai Jim drwy'i ddannedd. 'A doedd 'na neb yno. MEI!' Dyrnodd y ffens. Neidiodd yr Alsesian drwy'r awyr a'i gorff yn gwingo. Ciliodd Jim yn ôl a rhwygo cangen hir o'r clawdd.

'Rwy'n mynd i mewn i'r lle 'ma,' meddai. 'Ci neu beidio, alla i ddim aros fan hyn.'

Rhedodd i lawr y lôn. Gafaelais innau yn fy meic.

Allwn innau ddim aros yn llonydd heb wneud dim. Pedlais am adre. Pedlais am help. Pasiodd car fi'n gyrru'n chwyrn. Y tu ôl i'r llyw gwelais wyneb brawychus Anti Glen a Mam wrth ei hochr. Gwegiodd y car a mynd yn ei flaen at fferm Wilson's.

Eisteddai'r haul yn belen goch ar y gorwel a'i liw yn diferu drwy'r niwl tenau a gropiai o'r môr gan lapio am y toeau llwydion. Drwy'r niwl winciai golau glas. Oernadodd seiren dros y dre. Sgubodd y beic heibio i'n hewl ni. Roedd y golau glas yn fy nhynnu ymlaen. Diflannodd heibio i'r tro i'r prom.

Ymhell cyn cyrraedd y prom fe glywn leisiau'n gwau drwy'i gilydd. Crynai'r awyr lwyd-goch. Rowndiais y tro a gweld clystyrau o bobl yn sefyll wrth y rheiliau ac yn syllu i lawr i'r traeth. Trodd un neu ddau wrth glywed fy meic yn disgyn i'r llawr.

'Be sy'n digwydd?' gwaeddais.

Atebodd neb, dim ond syllu arna i'n ddwys a throi'n ôl at y traeth. Ymwthiais drwy'r dorf nes gweld Labrador yn dawnsio yn y tonnau bas a'i gynffon yn chwipio'r dŵr yn gawod waed-goch yng ngolau'r machlud haul. Safai tri phlismon mewn hanner cylch ar y traeth yn ei wylio.

Heibio i'r plismyn, yn dawel fel pe baent mewn ffilm, rhedai dau ddyn ambiwlans yn cario stretsier. Dilynais nhw â'm llygaid nes cyrraedd y pentwr gwlyb truenus a orweddai ar y traeth fel pysgodyn wedi'i rwygo o'r môr.

'Bethan!' sgrechiais. 'Bethan!'

17

Estynnodd dwylo i gydio yn fy ngwar, ond gwingais
o'u gafael. Llithrais drwy'r rheiliau a disgyn dau fetr i'r
traeth islaw. O'r tu ôl i mi cododd ochenaid fel gwynt
a'm sgubodd ar draws y traeth.

Roedd plismon yn dod i gwrdd â fi. Gafaelodd yn fy
mreichiau a'u dal yn dynn.

'Ara deg!'

'Bethan yw hi!' sgrechiais gan ymladd yn ei erbyn.

'Pwy?'

'Bethan Morus.'

Ebychodd y plismon. Roedd y dynion ambiwlans yn
codi Bethan ar y stretsier. Agorodd ei llygaid.

'Bethan!'

Ysgydwais fy hun yn rhydd a rhedeg ati. Syllai arna
i â'i llygaid yn llonydd a phŵl.

'Paid ti â chynhyrfu nawr,' meddai dyn yr ambiwlans
yn floesg. 'Fe fydd popeth yn iawn.'

'Bethan!' Rôn i'n llefain. Disgynnais ar y traeth yn ei
hymyl. Roedd ei hwyneb 'run lliw â'r niwl a chraf-
iadau coch yn llosgi drosto. Gorweddai'i gwallt dros ei
hysgwydd yn blethen hir o ffrwcs a thywod. 'Bethan!'

Yn araf crychodd ei thalcen.

'Gad ti iddi nawr.'

Roedd y plismon yn fy nhynnu i ffwrdd. Cynhyrfodd
Bethan yn sydyn. O'i gwddw daeth sŵn carbwl.

'Be?'

Codwyd y stretsier. Trodd ei hwyneb ata i. Daeth
fflach i'w llygaid.

'Pwll . . . methan!' crawciodd gan hanner-codi.

'Glaw.'

'Glaw? Bethan, be . . . ?' Ond doedd dim iws gofyn rhagor. Roedd y nyrs yn cydio yn ei llaw a'r ddau ddyn ambiwlans yn ei chludo i ffwrdd. Llithrodd braich drom y plismon am fy ngwar. 'Fydd hi'n iawn?' sibrydais.

'Bydd siŵr,' meddai'r plismon yn sionc. 'Paid ti â phoeni nawr. Fe a' i â thi adre.'

'Na!' Edrychais i'w lygaid. 'Mae 'meic gen i . . .'

'Fe allwn ni fynd â'r beic hefyd.'

Gafaelodd yn dynnach ynof. Mi fyddai wedi mynnu fy arwain i'w gar, oni bai am y Labrador yn y dŵr. Roedd milfeddyg a phlismon yn cario dryll yn cerdded tuag ato ar draws y tywod. Synhwyrodd y ci y perygl. Rhoddodd chwyrniad annaearol a rhuthro i fyny'r traeth at y plismon agosaf. Gollyngodd fy mhlismon i ei afael arnaf wrth gamu tuag at ei ffrind a llithrais innau at y prom.

Agorodd y dorf o'm blaen. Wrth i mi afael yn fy meic, suodd yr ambiwlans heibio a'i seiren yn sgrechian. Pedlais innau at lwybr yr afon. Petawn i wedi credu Bethan wythnosau'n ôl, fyddai hi ddim yn yr ambiwlans. Fyddai Mr Wilson ddim wedi 'i thaflu i'r môr. Estrys ydw i. Estrys!

Ond rôn i'n ei chredu hi nawr. Dyna pam rôn i'n pedlo at y pwll methan. Gollyngais fy meic wrth y gamfa. Doedd dim digon o awyr ar ôl yn y byd. Rôn i'n sugno'r gwynt i'm hysgyfaint ac yn methu cael digon. Crynai'r dyffryn o'm blaen.

Dechreuodd y llwyni gerdded. Nid llwyni oedden nhw chwaith, ond cysgod du yn codi, plygu, codi, plygu. Arafais a cherdded ato dros y mwsog.

Chwythai'r awel swn fy nhraed i ffwrdd. Gwegiai fy nghoesau nes bygwth fy ngollwng i'r llawr.

Roedd 'na ddyn mewn cot oel werdd yn palu wrth geg y pwll methan. Fflachiai ei raw'n fygythiol. Roedd e'n palu, ond nid fel pysgotwr yn palu am fwydod. Roedd e'n palu sianel o'r pwll i'r afon.

'Stop!' rhuais a dechrau redeg. Roedd Bethan wedi dweud wrtha i am fynd at y pwll methan. Roedd y pwll methan yn bwysig, ond nawr roedd y dyn hwn yn gollwng y dŵr. Chwipiodd tuag ataf a blaen ei raw fel cleddyf main. Moriodd wyneb Mr Wilson o flaen fy llygaid. Wrth ei draed cylchdroai'r mwd a'r ewyn brown yng ngheg y pwll methan. Yn ara bach roedd y dŵr yn gorlifo ac yn suddo i'r graean tywodlyd rhyngddo a'r afon.

'Meirion!' meddai'r dyn yn syn.

'S . . . stop!'

Stopiais â'm gwynt yn fy mogi. Chwarddodd Mr Wilson yn ddidaro er bod ei lais mor frau â gwydr siwgr.

'Yr hen ferddwr 'ma sy'n cronni fan hyn.' Rhoddodd broc i ymyl y pwll â'i raw. 'Ych! Gwynta fe. Mae e'n drewi. Mae pob math o germau'n bridio fan hyn.'

'Allwch chi ddim!' Roedd y geiriau'n byrlymu'n gynt na'r dŵr. 'Mae'r plismyn wedi ffeindio Bethan. Wnaethoch chi ddim ei boddi hi. Mae hi'n fyw!'

'Byw?' Rhythodd arna i â'i lygaid duon. Yna'n sydyn roedd e'n ailddechrau palu, ei raw yn taro'r pridd yn galed a chelfydd, yn agor sianel i'r dŵr bas gael llifo i'r afon. Petai'r dŵr yn llifo i'r afon, yna fyddai dim i brofi bod afon Moelan wedi'i llygru. Byddai Bethan wedi diodde am ddim.

91

Teflais fy hun at Mr Wilson a dechrau cicio'r graean i'r sianel i stopio'r dŵr. Tasgodd cawod o fwd dros ei drowsus.

'Y fandal bach!' Gwthiodd ei benelin i'm stumog a tharo'r rhaw i'r ddaear. Llithrodd y dŵr brown drwy'r bysedd porfa a rhuthro'n rhigol main at yr afon. Neidiais am y rhaw a'i thynnu o'i law.

Saethodd breichiau Mr Wilson i'r awyr. Am eiliad syllai arna i'n hurt, yna roedd e'n cwympo ar wastad ei gefn a dŵr brown y pwll yn cau amdano.

'Mei!'

Clywais lais Dad yn agosáu.

Chwyddodd y got oel i wyneb y pwll. Drwy'r dŵr gwelwn lygaid brawychus Mr Wilson yn rhythu arna i. Trodd yn lletchwith a chropian am y lan. Roeddwn i'n disgwyl amdano a'r rhaw yn fy llaw.

'Dad! Mae e wedi trio boddi Bethan!' gwaeddais nerth esgyrn fy mhen.

18.

Awr yn ddiweddarach rôn i'n gollwng dŵr o'r bath heb hyd yn oed gamu iddo. Ar ôl gweld Mr Wilson yn syllu arna i o'r pwll methan, fedrwn i ddim diodde gorwedd yn y bath. O leia roedd e'n ddiogel yn nwylo'r heddlu erbyn hyn. Rôn i a Dad wedi gofalu am hynny. Crynais wrth feddwl amdano, a chymerais gawod sydyn er mwyn cynhesu. Roedd fy nwylo'n binc fel dwylo Dad y dydd o'r blaen.

Canodd cloch y ffôn pan oeddwn i o dan y gawod, a daeth sŵn traed Dad ar y staer.

'Mei?'

'Ie?' crawciais.

'Mam ar y ffôn o'r ysbyty.'

Disgwyliais â'm gwynt yn fy nwrn.

'Bethan eisie dy weld di.'

'Mae hi'n well 'te!' Gwisgais ar ras.

Roedd Bethan mewn ystafell fach ar ei phen ei hun. Pwysai ar ei gobennydd, ei hwyneb yn llosgi a'r crafiadau arno'n sgleinio fel farnis coch. Roedd Mam, Anti Glen ac Wncwl Jim yno gyda hi, y tri wedi gyrru o fferm Wilson's ar ôl clywed y seiren ac wedi dilyn yr ambiwlans i'r ysbyty. Daeth y tri allan o'r stafell a gadael i fi fynd i mewn.

'Mei!' llefodd Bethan. 'Gest ti e?'

'Do.'

'Ble mae e nawr?'

'Gyda'r heddlu.'

'Be ddwedest ti wrthyn nhw?'

'Dwedes i ei fod wedi dy daflu di i'r môr.'

'BE??' Neidiodd llygaid Bethan o'i phen.

'Fe ddwedes i,' meddwn i'n herciog, 'fod Mr Wilson . . .'

'Gest ti e?' sgrechiodd Bethan. 'Gest ti'r clawr o'r pwll methan?'

'Pa gl . . . awr?' Rôn i'n cofio iddi ddweud rhywbeth ar y traeth.

Suddodd Bethan yn ôl i'w gobennydd a'i braich dros ei hwyneb.

Y tu allan i'r drws clywn lais Wncwl Jim yn egluro wrth Dad. Roedd Mr Wilson wedi mynd yn ôl i'w sied ar ôl mynd â fi adre, wedi llusgo Bethan i'w gar a'i

93

gyrru hi i lawr i Swyddfa'r Heddlu. Ond wrth i'r car stopio, roedd Bethan wedi dianc, wedi cuddio am ychydig cyn sleifio i lawr at yr harbwr gan feddwl cerdded yn ôl i fyny'r afon at y pwll methan. Ar y ffordd roedd hi wedi llithro ar y cerrig mawrion o dan y bont, wedi bwrw'i phen a chael ei sgubo i'r afon ac allan i'r môr. Drwy lwc roedd y llanw'n dod i mewn.

'Wnaeth Mr Wilson ddim taflu Bethan i'r dŵr 'te!' meddai Dad yn grynedig.

'Naddo,' atebodd Wncwl Jim.

Teimlais flinder mawr yn disgyn ar fy ysgwyddau fel clogyn. Prin y medrwn anadlu. Gorweddai Bethan yn llonydd â'i braich dros ei hwyneb.

'Glywest ti?' sibrydodd.

'Do,' mwmiais.

'Roedd e eisie i fi ddianc, rwy'n credu,' sibrydodd Bethan. 'Doedd e ddim eisie mynd â fi at yr heddlu, dim ond fy nychryn i er mwyn i fi gau 'ngheg. Roedd e'n bygwth fy nghyhuddo i o dorri i mewn i'w swyddfa.'

'Ond, Bethan,' tagais. 'Rwy i a Dad wedi'i gyhuddo e o geisio dy ladd di. A dyw e ddim yn wir!'

'Wel, mae e wedi lladd pysgod,' meddai Bethan drwy'i dannedd. Tynnodd ei braich o'i hwyneb yn sydyn a chodi ar ei heistedd. 'A rwy'n gwbod sut.'

'Sut?'

'*Nuvan 500*,' meddai Bethan. 'Roedd 'na gasgenni gwag ar yr iard.'

'Oedd . . .'

'Ac wyt ti'n cofio'r clawr coch 'na yn y pwll methan?'

'Ydw!' Fflachiodd fy llygaid.

'Am hwnnw rôn i am i ti edrych. Rwy'n siŵr mai clawr un o'r casgenni 'na oedd e. Os gallwn ni brofi bod y stwff o'r gasgen wedi mynd i'r dŵr . . .'

Tawelodd Bethan. Agorodd ei llygaid fel soseri a rhythu ar y ffenest fach gron yn y drws. Yno syllai wyneb plismon arnom. Wyneb dwys. Camodd i'r stafell gyda Jim Morus wrth ei gwt.

'Mei!' meddai Bethan o gornel ei cheg. 'Cer!'

Safai Mam, Dad ac Anti Glen yn glwstwr tawedog y tu allan i'r drws a phlismon arall yn eu hymyl.

'Mei!' meddai Dad gan glirio'i lwnc. 'Mae arna i ofn ein bod ni wedi cyhuddo Mr Wilson ar gam.'

'Na!'

Cydiodd Dad yn fy mraich ac fe ddilynon ni'r plismon ar hyd y coridor. Eisteddon ni'n dau yng nghefn y car, Dad â'i ben yn ei blu, a finnau â'm meddwl ar dân.

Allen ni ddim bod yn anghywir. Ar Mr Wilson roedd y bai fod Bethan wedi cwympo i'r afon, hyd yn oed os nad oedd e wedi'i thaflu i mewn. Fe a'i wenwyn.

Roedd e'n disgwyl amdanom yn Swyddfa'r Heddlu. Diflanasai'r pysgotwr. Yn ei le safai'r dyn swyddfa. Roedd Mr Wilson wedi cael gafael ar siwt lân a chrys gwyn a siaradai'n hamddenol â Mr Llwyd, y cyfreithiwr. Gorweddai'i wallt yn slic ar ei ben. Edrychai'n barchus ryfeddol—oni bai bod ei wyneb yn BINC! Yn binc fel fy nwylo i!

Heb aros i feddwl codais fy nwy law a'u dangos iddo.

'Mr Wilson!' dywedais. 'Mae'ch wyneb chi'r un lliw â 'nwylo i. Rŷch chi wedi'ch gwenwyno—gan y *Nuvan 500* yn y dŵr!'

95

Mewn un eiliad crychodd wyneb llyfn Mr Wilson fel pelen bapur, ac er iddo'i ailfeddiannu'i hun, fe wyddwn i yn yr eiliad honno, heb os nac oni bai, fod Bethan yn iawn.

19.

Os oeddech chi'n gwylio'r newyddion ar y degfed o Orffennaf diwethaf, fe welsoch chi Bethan. Hi oedd y ferch oedd yn eistedd yn ei gwely â rhes o fathod-ynnau ar got ei phyjamas—*Greenpeace, Cyfeillion y Ddaear, Dim Arbrofi ar Anifeiliaid*—a phethau felly.

A pham oedd hi ar y teledu?

Am mai hi oedd y ferch oedd wedi tynnu sylw'r heddlu gyntaf oll at y gwenwyn yn afon Moelan.

Oedd, roedd 'na *Nuvan 500* yn yr afon. Stwff i ladd chwain ar bysgod yw *Nuvan 500*. Dyw e ddim yn beryglus os defnyddiwch chi ychydig bach bach, ond roedd Mr Wilson wedi gadael dwy gasgen ar lan yr afon a'r rheiny drwy ddamwain wedi'u sgubo i'r dŵr.

Fe gyfaddefodd Mr Wilson y cyfan—ar ôl i'r heddlu ddarganfod olion y gwenwyn ar ei ddillad gwlyb, yn nŵr y pwll methan ac yn y pysgod marw a gleddais i ar lan yr afon. Roedd e wedi casglu'r pysgod gan obeithio na fyddai neb yn sylwi ar effeithiau'r *Nuvan*—ac wedi clirio'r llysnafedd hefyd. Ar ôl i Bethan ddianc, fe yrrodd yn ôl i'w fferm gan feddwl dilyn yr afon i lawr at y pwll methan, ond roedd Wncwl Jim yn ei ffordd.

Sŵn traed Mr Wilson glywais i yn y lôn, pan ôn i'n gorwedd ar ben to'r sied. Roedd e wedi gweithio'n galed i guddio'r ffaith ei fod wedi gwenwyno'r afon. Doedd e ddim am dalu dirwy am ei llygru, ond yn y pen draw mae'n debyg y bydd rhaid iddo dalu llawer iawn mwy ac efallai y caiff e garchar.

Gwenwyn yn y dŵr ynghyd â gwenwyn o'r glaw a achosodd i'r llysnafedd gwyrdd dyfu ar y dŵr, a hwnnw a wnaeth y cŵn yn sâl—nid y gynddaredd, er i Mam fynnu 'mod i'n cael y bigiad! Mae'r holl hanes wedi bod yn y papurau newydd, os ŷch chi'n darllen y rheiny, ac wrth gwrs ar y radio a'r teledu.

Fûm i ddim ar y teledu, ond os clywsoch chi Bethan yn siarad, fe gofiwch iddi ddweud 'Meirion Brown', yn uchel a chlir o leia bedair gwaith. Roedd ar Bethan eisiau i bawb drwy Gymru wybod nad ydw i ddim yn estrys.

Estrys—fi?

Ar fy anorac newydd mae rhes o glytiau a bathodynnau—*Greenpeace, Cyfeillion y Ddaear* ac ati—a roddodd Bethan i fi o achos fy newrder mawr yn mynd i chwilio amdani yn fferm Wilson's. Mae gen i fathodynnau Lerpwl a'r *Cardiff Devils* hefyd, jyst i ddangos nad ydw i ddim yn ei chopïo hi.

Pan fydda i'n dilyn Dad i lawr i'r afon, mae 'nghot i'n tincian yn y gwynt. Ac rwy'n gobeithio ei ddilyn e'n eitha aml o hyn ymlaen, achos mae Dad am gynnig am swydd fel beili dŵr. Os bydd e'n lwcus, fe werthith y Jymbo i'r cyngor er mwyn iddyn nhw gyflogi rhywun arall i wneud y gwaith.

Felly os gwelwch chi ddyn mewn cot oel HEB ENWAIR yn crwydro ar hyd glan yr afon, peidiwch â chael ofn. Nid dihiryn fydd e, ond Dad. Dad—

97

Glyndwr Brown, neu Glyn Dŵr Brown, fel y mae
Bethan yn ei alw i'w bryfocio.

Hy! Bethan a'i thad yw'r unig rai sy'n troi dŵr afon
Moelan yn frown.

Dylech chi fod wedi clywed y Ffwt! wnaethon nhw
yn y pwll methan ddydd Sadwrn diwethaf.

Roedd e mor fyddarol â sŵn sbwng yn disgyn.

Bron!